Entdecken und Verstehen 4

Arbeitsheft für Geschichte

Von der Industrialisierung bis zum
Ende des Zweiten Weltkriegs

erarbeitet von
Dr. Hagen Schneider

Inhaltsverzeichnis

Industrielle Revolution

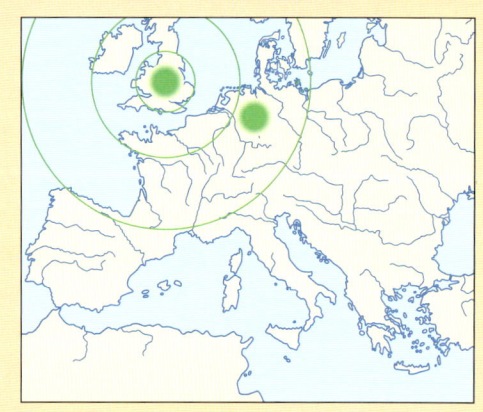

Das Gemälde „Das Eisenwalzwerk" von Adolph Menzel (1875) zeigt die Arbeit in einer Fabrik. Männer schieben einen Eisenblock durch eine Walze. Fabrikarbeit ist typisch für die Zeit der Industrialisierung, die um 1700 in England begann. Das Wort „Industrie" kommt aus dem Lateinischen und bedeutet Fleiß, Tatendrang. In der Wirtschaft versteht man darunter Massenproduktion mithilfe von Maschinen. Die Industrialisierung hat unser Leben so grundlegend verändert, dass man zu Recht von „Industrieller Revolution" spricht.

| um 1700 | 1764 | 1769 | 1835 |

Neuzeit

▶ Die Industrialisierung in England beginnt • Erfindung der „Spinning Jenny" • Erfindung der Dampfmaschine • Erste Eisenbahnfahrt Nürnberg-Fürth

Begriffe, um zu begreifen

In diesem Kapitel werden einige Fachausdrücke benutzt. Damit du beim Lesen nicht über diese Begriffe „stolperst", werden sie auf dieser Seite erklärt.

1. *Verbinde die Wörter auf der linken Seite mit den richtigen Erläuterungen. Trage die Buchstaben unten in die Kästchen ein.*

1	Industrie		Bergbau und Stahlindustrie	C / H
2	produzieren		rasches Wachstum der Bevölkerung	I
3	Arbeitsmaschine		das Recht, eine Erfindung allein zu verwerten	A
4 / 5	Kraftmaschine		Art und Weise, wie etwas hergestellt wird	E
6	Produktivität		schaffen, hervorbringen, erzeugen	A
7	Patent		erleichtert oder ersetzt menschliche Arbeit	M
8	Kapital		treibt Maschinen an	P / F
9 / 10	Schwerindustrie		Vermögen; Geld, das ein Unternehmer einsetzt, um Gewinne zu erzielen	S
11	Bevölkerungs-explosion		Leistungsfähigkeit, Ergiebigkeit	M
12	Proletarier		alle Fabrikbetriebe	D
13	Produktionsform		Lohnarbeiter ohne eigenen Besitz	N

Lösungswort:

1	2	3	4	5	6	7	8	9	10	11	12	13

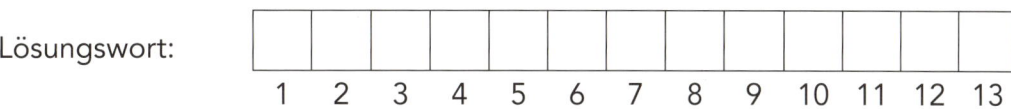

M1 Dampfgetriebene Pflüge im Einsatz. Rekonstruktionszeichnung.

2. *Welche der oben genannten Begriffe findest du auf dem Bild? Schreibe die richtige Zahl in die Kästchen.*

ab 1861	1863	1875	1883–1889
▸ Erste Gewerkschaften werden in Deutschland zugelassen.	• Der „Allgemeine Deutsche Arbeiterverein" wird gegründet.	• Die „Sozialistische Arbeiterpartei Deutschlands" entsteht.	▸ Sozialgesetzgebung (Kranken-, Unfall-, Alters- und Invaliditätsversicherung)

Die Industrialisierung begann in England

Seit Ende des 17. Jahrhunderts war Großbritannien eine konstitutionelle Monarchie, ein Staat, in dem der König seine Macht mit dem Parlament teilte. Das Bürgertum konnte seine Interessen im Unterhaus vertreten. Viel früher als auf dem Kontinent galt in England der Spruch: „Freie Bahn dem Tüchtigen!"

1. *Warum die Industrielle Revolution in England begann, schildert der Lückentext. Setze die folgenden Wörter richtig ein: Arbeitskräfte, Bodenschätzen, Handwerker, Inselstaat, Kolonien, Maschinen, Reichtümer, Staaten, Wasserstraßen, Weltmeere, Zollschranken.*

Großbritannien hatte den bedeutendsten Markt Europas, denn es gab keine _____

_____ . Der _____ besaß außerdem die größte Kriegs- und

Handelsflotte und beherrschte die _____ . Durch die Ausbeutung seiner zahlreichen

_____ und besonders durch den „Dreieckshandel" wurden gewaltige

_____ angehäuft – Kapital, das für Gewinn versprechende Unternehmen be-

reitstand. Wie in anderen _____ auch wuchs die Bevölkerung, so dass der Industrie

genügend _____ zur Verfügung standen. England hatte ferner gut ausgebil-

dete _____ , die imstande waren, komplizierte Geräte und

_____ zu bauen. Viele natürliche und künstliche _____

durchzogen das Land. Zudem war England

reich an _____ .

M1 Ein Handelsschiff läuft im Hafen ein. Jugendbuchillustration.

2. *Welchen Beitrag leistete die englische Kriegs- und Handelsflotte zur Industrialisierung?*

_____

_____

Vorwärts mit Dampf!

Arbeitsmaschinen helfen dem Menschen bei der Arbeit. Dagegen erzeugen Kraftmaschinen Energie, mit der andere Maschinen angetrieben werden. 1769 stellte James Watt eine neue Kraftmaschine vor: die Dampfmaschine. Sie brachte die zehnfache Leistung eines Pferdes (10 PS = 10 Pferdestärken).

1. *Beschrifte das Schaubild mit den rot gedruckten Wörtern.*

Wenn Wasser in Dampf übergeht, erhöht sich sein Volumen um das 1800fache. Diesen ungeheuren Druck nutzt die Dampfmaschine: In einem Kessel wird Wasser erhitzt. Der Wasserdampf treibt den Kolben mit der Kolbenstange im Zylinder nach oben. Nun fließt kaltes Wasser in den Zylinder und der Dampf kühlt ab. Durch den Druckabfall wird der Kolben nach unten gezogen und die Wasserzufuhr geschlossen. Neuer Dampf treibt den Kolben wieder nach oben, und der Vorgang wiederholt sich. Mit dem Kolben bewegt sich die Kolbenstange auf und ab. Sie treibt über ein Gestänge die Maschinen an.

M1 Prinzip der Dampfmaschine. Zeichnung.

2. *Die Zeichnung (M2) aus einem Schulbuch ist unvollständig. Welcher Fehler ist dem Zeichner unterlaufen?*

M2 Dampfmaschine von James Watt. Funktionszeichnung.

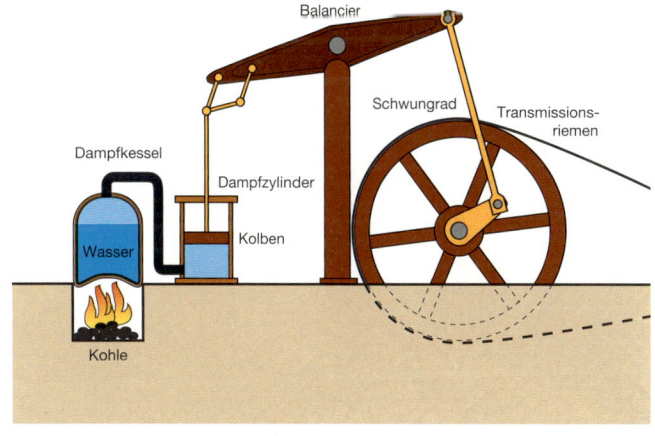

3. *Die wichtigste Kraftmaschine war bislang die Wassermühle. Welchen Nachteil hat sie?*

4. *Kraftmaschine, Arbeitsmaschine oder beides? Trage die folgenden Wörter richtig in die Tabelle ein:*
Auto – Computer – Elektromotor – Dampfmaschine – Fahrrad – (ältere) Schreibmaschine – Waschmaschine – Webstuhl – Windmühle

Kraftmaschine	Arbeitsmaschine	Beides

Überall Dampfmaschinen

Die Dampfmaschine eroberte zahlreiche Wirtschaftsbereiche. Man sah sie in Brauereien ebenso wie in Papierfabriken und Druckereien. Vor allem veränderte sie das Transportwesen.

M1 Kohlebergbau. Gemälde von A. Pithead, 1792.

1. M1 zeigt eine Zeche. Wie wird dort die Kohle transportiert?

_____

_____

_____

_____

_____

M2 Eröffnung der ersten Eisenbahnlinie in Deutschland, von Nürnberg nach Fürth 1835. Gemälde von E. Schilling und B. Goldschmitt, 1935.

2. Wozu braucht ein Bergwerk Dampfmaschinen?

_____

_____

_____

_____

_____

3. Woran erinnern die Eisenbahnwagen (M2)?

_____

4. Nach Ansicht einiger Ärzte könnten Bahnfahrten zu Gehirnerkrankungen, eine Art „Delirium furiosum", führen. Was hältst du von solchen Diagnosen?

_____

Preis des Fortschritts

Der Fortschritt hatte auch dunkle Seiten. So verrotteten viele Kutschen, weil sie gegen die Eisenbahn nicht ankamen.

M1 Vergangenheit und Gegenwart. Gemälde aus der „Illustrated London News", 1859.

1. *Welche Gedanken gehen dir durch den Kopf, wenn du dieses Bild betrachtest?*

_____

_____

_____

2. *Wer litt besonders unter der Eisenbahn?* _____

_____

3. *Welche neuen Berufsgruppen entstanden damals?* _____

_____

Des einen Freud, des anderen Leid

John Kays mechanischer Webstuhl (1733) arbeitete dreimal so schnell wie ein herkömmlicher. Die „Spinning Jenny" des Zimmermanns James Hargreaves spann sechs Fäden auf einmal. Die neuen Spinn- und Webmaschinen produzierten noch mehr, als sie von Dampfmaschinen angetrieben wurden.

Jahr:	1780	1785	1790	1795	1800	1810	1830
Kosten, um 100 Pfund Baumwolle zu spinnen (£)	2,10	1,42	1,07	0,57	0,49	0,21	0,13

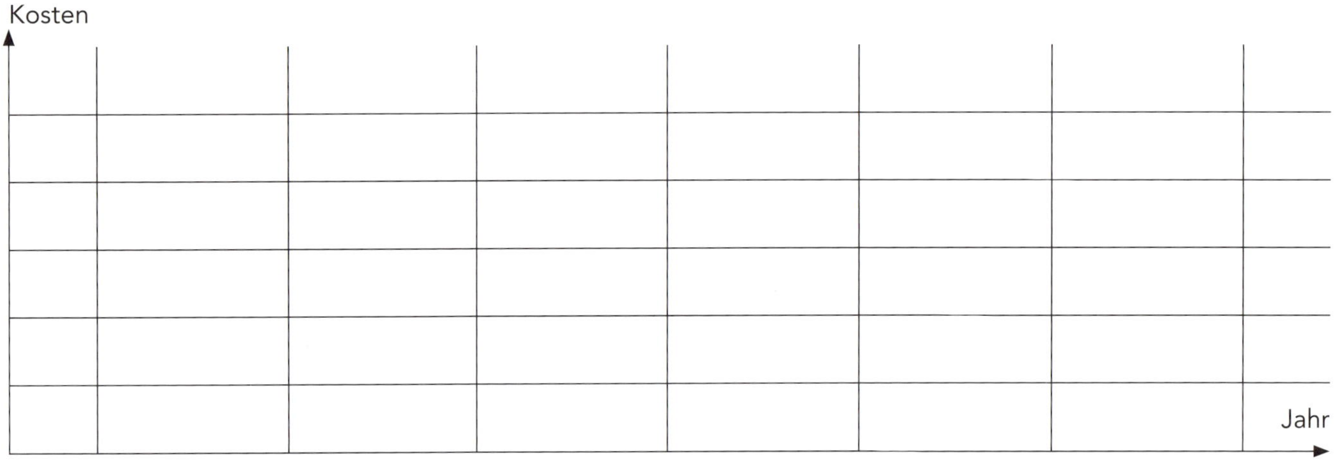

Kosten

Jahr

1. Veranschauliche die Kostenentwicklung im Textilbereich.

2. Warum sanken die Stoffpreise? _____

_____

3. Beschreibe kurz das Bild M1. In welchem Zusammenhang steht es zur Preisentwicklung für Stoffe?

_____

_____

_____

M1 Holzschnitt aus den 40er-Jahren des 19. Jahrhunderts.

4. Was hätten die Weber tun können? _____

_____

Kohle zu Eisen

Zur Schwerindustrie gehören alle Betriebe, welche mit den Grundstoffen Kohle und Eisen zu tun haben. Man bezeichnet sie daher auch als Grundstoffindustrie.

1. *Auf dem Bild M1 siehst du, wie geschmolzenes Eisen aus einer Pfanne in Formen gegossen wird. Zähle auf, wozu man Eisen und Stahl braucht.*

_____

_____

_____

_____

_____

M1 Eisengießerei im Ruhrgebiet. Jugendbuchillustration.

2. *Über Eisen und Kohle informiert der Lückentext. Setze die folgenden Wörter richtig ein: Erzgestein, Eisen, Holz, Kohle, Koks, Roheisen, Stahl.*

Um Eisen zu gewinnen, muss _____ verhüttet werden. Jahrtausendelang

diente _____ als Brennstoff. Kohle hat den Nachteil, dass sie Schwefel enthält, der sich

mit dem Eisen verbindet. Im 18. Jahrhundert gelang es, der _____ den Schwefel zu ent-

ziehen. Mit Koks war es nun möglich, den großen Bedarf an _____ zu decken.

Eine Tonne _____ reichte aus, um eine Tonne _____ zu gewinnen. Um 1850 gelang

es dem englischen Chemiker Henry Bessemer (1813–1898), mithilfe der „Bessemer Birne" große

Mengen _____ zu erzeugen. Stahl ist elastischer, druck- und zugfester als Eisen.

M2 Kinderarbeit im Bergwerk. Kolorierter Holzstich, um 1844.

Barfuß und ohne Schutzkleidung arbeiteten Mädchen und Jungen im Bergwerk, in bis zu 500 Meter Tiefe, elf bis zwölf Stunden am Tag.

3. *Weshalb stellten die Zechen gerne Kinder ein?*

_____

_____

Höchste Eisenbahn

Als zu Beginn des 19. Jahrhunderts in England eine Fabrik nach der anderen gebaut wurde, war Mitteleuropa – wirtschaftlich gesehen – ein „Schwellenland". (Die Schwelle ist der untere Balken des Türrahmens. Wer sie überschreitet, gelangt ins Zimmer bzw. ins Haus.)

1. *Nenne je zwei Beispiele für ein Industrie-, ein Schwellen- und ein Entwicklungsland.*

_____

_____

M1 Grenzverlegenheit. Karikatur aus dem Jahr 1833.

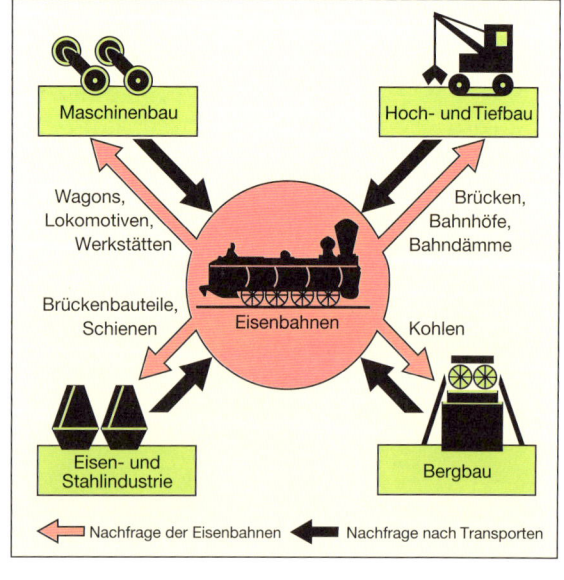

2. *Notiere die Textzeilen der Karikatur.*

_____

_____

_____

_____

_____

3. *M1 nennt einen wichtigen Grund, warum die Industrialisierung in Deutschland nur zögernd vorankam. Welchen?*

_____

_____

_____

4. *Schrittmacher der Industrialisierung in Deutschland war die Eisenbahn. Erläutere den Satz: Die Eisenbahn brauchte die Industrie, und die Industrie brauchte die Eisenbahn.*

_____

_____

M2 Eisenbahn und Industrialisierung. Schaubild.

Maschinenbau

Hoch- und Tiefbau

Wagons, Lokomotiven, Werkstätten

Brücken, Bahnhöfe, Bahndämme

Brückenbauteile, Schienen

Eisenbahnen

Kohlen

Eisen- und Stahlindustrie

Bergbau

⬅ Nachfrage der Eisenbahnen ⬅ Nachfrage nach Transporten

Verstädterung

Durch bessere Ernährung und medizinische Betreuung wuchs die Bevölkerung. Früher kam es oft vor, dass von zehn Kindern nur drei das Erwachsenenalter erreichten. Viele fanden auf dem Land kein Auskommen mehr. Sie wanderten aus oder zogen in die Städte, um in Fabriken und Zechen zu arbeiten. Auf diese Weise entstanden zahlreiche Großstädte.

M1 Holzkirchen 1835. Zeichnung.

M2 Holzkirchen 1878. Zeichnung.

1. Zähle auf, was sich in Holzkirchen innerhalb von gut 40 Jahren verändert hat.

_____

_____

2. Von 100 Arbeitern in den preußischen Fabriken waren vorher a) 10 als Heimarbeiter tätig gewesen, b) 20 als Handwerker, c) 5 als Manufakturarbeiter und d) 65 in der Landwirtschaft. Was haben die Arbeiter möglicherweise früher gemacht?

a) _____

b) _____

c) _____

d) _____

3. Du wohnst auf dem Lande. Erkläre deinen Eltern, warum du in die Stadt ziehen willst.

_____

_____

_____

M3 Tiefbau, Paris 1896. Jugendbuchillustration.

4. In den Großstädten sind oftmals die Straßen verstopft. Finde heraus, was auf dem Bild M3 gebaut wird.

_____

_____

Kinder, die arbeiten, trödeln nicht auf der Straße herum

Kühe auf die Weide treiben, im Haushalt helfen, auf jüngere Geschwister aufpassen, das Zimmer aufräumen – solche Tätigkeiten fallen nicht unter Kinderarbeit. Kinderarbeit heißt: wie ein Erwachsener einer geregelten Beschäftigung nachgehen.

1. *M1 zeigt Anna und Gerhard. Wo arbeiten die Kinder?* _____

_____

M1 Anna, 11 Jahre. Foto, 1910.   Gerhard, 12 Jahre. Foto, 1908.

Offizier

„So geht das nicht weiter. Viele Rekruten sind nicht mehr wehrtauglich. Wie sollen wir unser Vaterland verteidigen?"

„Der Gesundheitszustand unserer Kinder ist besorgniserregend. Sie sind abgemagert und leiden oft an Brust- und Lungenkrankheiten."

„Ich bin stolz darauf, Kindern Arbeit zu geben. So verdienen sie Geld und trödeln nicht auf der Straße herum. Außerdem lernen sie bei mir, was sie im Leben weiterbringt: Fleiß, Gehorsam, Ordnung und Pünktlichkeit."

„Sie tun mir leid, wenn sie hungrig und müde nach Hause kommen. Aber es ist besser, sie verdienen etwas Geld und machen sich nützlich, als dass sie irgendwo herumlungern."

„Die Kinder kommen nur gelegentlich zur Schule. Viele können weder lesen noch schreiben. Was soll aus ihnen nur werden?"

Anna

Gerhard

2. *Schreibe über die Zitate, wer spricht. Was halten Anna und Gerhard von ihrer Arbeit?*

Gleicher Lohn für gleiche Arbeit!

1882 waren im Deutschen Reich etwa 5 Millionen Frauen berufstätig. Von ihnen arbeiteten rund 1,3 Millionen als Dienstboten, 1 Million in der Industrie und 2,5 Millionen in der Landwirtschaft.

M1 Frauenarbeit in einer Zeche, um 1890. Jugendbuchillustration.

1. Was arbeiten die Frauen, die sich vor dem ungesunden Staub mit einem Schleier schützen (M1)?

_____

_____

2. Während in einer Baumwollspinnerei 1888 der Mann pro Schicht 1,34 Mark erhielt, bekam die Frau nur 63 Pfennige. Wie hat wohl der Fabrikant den niedrigeren Arbeitslohn gerechtfertigt?

_____

_____

_____

3. Weshalb haben die Frauen trotz des ungerechten Lohns weiterhin gearbeitet?

_____

_____

M2 Gewerkschaftsversammlung. Jugendbuchillustration.

4. Die Sozialisten forderten die Gleichstellung von Mann und Frau sowie das Wahlrecht für Frauen. Auf M2 siehst du eine Arbeiterin. Was verlangt sie?

_____

_____

So geht es nicht weiter!

Auch während der Industrialisierung blieb die überlieferte Aufgabenteilung zwischen den Geschlechtern bestehen. Der Mann als Oberhaupt der Familie war nicht bereit, sich an Hausarbeit und Kinderbetreuung zu beteiligen oder seine Gattin an seinen Geschäften teilhaben zu lassen.

1. *Was erwartete eine Arbeiterin von ihrem Mann?* _____

_____

2. *Warum waren auch wohlhabende Frauen aus dem Bürgertum mit ihrer Lage unzufrieden?*

_____

_____

M1 Suffragetten demonstrieren. Jugendbuchillustration.

3. *In England hießen Frauenrechtlerinnen „Suffragetten". Wofür demonstrierten die Frauen (M1)?*

_____

4. *Aus welcher Bevölkerungsschicht kamen die Suffragetten hauptsächlich? Nenne Gründe.*

_____

_____

_____

Hauptsache: gesund bleiben!

Ein Arbeiter verdiente in der Fabrik mehr als ein Tagelöhner auf dem Lande. Dafür musste er stundenlang rackern und eine oft eintönige Tätigkeit verrichten. Übel erging es ihm bei Krankheit, Invalidität, einer Wirtschaftsflaute und im Alter. Ein „soziales Netz" gab es damals nicht.

M1 Unfall in einer Maschinenfabrik. Holzstich von Johann Bahr, um 1890.

1. *Schildere in wenigen Sätzen, was sich in der Fabrik ereignet hat: Die Frau, begleitet von ihrem Kind, will ihrem Mann gerade das Essen bringen. Da sieht sie …*

_____

_____

_____

2. *Die Arbeiter meinen: So darf es nicht weitergehen. Ergänze die Wörter, und du erfährst ihre Forderungen.*

| U | N | F | | L | | S | | H | | T | Z |

| K | R | | K | E | | G | E | | D |

| K | Ü | | Z | | E | | A | R | | E | I | | | Z | E | I |

| | Ö | H | E | R | | L | Ö | | |

Wer löst die soziale Frage?

Was muss geschehen, um die Lebensverhältnisse der Arbeiter zu verbessern? Auf diese Frage, die man auch „Arbeiterfrage" oder „soziale Frage" nennt, gab es im 19. Jahrhundert unterschiedliche Antworten.

Die Antwort des Staates

1. *Die Karikatur bezieht sich auf die Weberunruhen in Schlesien. – Was weißt du darüber (s. S. 10)?*

_____

_____

_____

_____

2. *Wie „hilft" der Staat?*

_____

_____

M1 Karikatur aus den „Fliegenden Blättern", 1848.

Die Antwort der Unternehmer

3. *Einzelne Fabrikanten zahlten höhere Löhne, senkten die Arbeitszeit wie Ernst Abbe in Jena oder errichteten Siedlungen wie die Firma Krupp in Essen. Warum sehen die Häuser auf M2 alle gleich aus?*

_____

_____

_____

4. *Die Hilfe dieser Unternehmer war nicht ganz uneigennützig. Wie ein Fabrikant freimütig äußerte, sollte sie auch das Fortbestehen der Fabrik sichern. Erkläre diesen Ausspruch.*

M2 Wohnsiedlung der Firma Krupp. Zeitgenössischer Stich.

_____

_____

Die Antwort der Kirchen

M3 Werkstatt im „Rauhen Haus". Darstellung von 1845.

5. *Der Papst mahnte die Unternehmer, den Arbeitern einen „gerechten Lohn" zu zahlen. Der Pastor Johann Hinrich Wichern, der Begründer der Inneren Mission, nahm seit 1833 im „Rauhen Haus" (Hamburg) verwaiste und obdachlose Kinder auf. Das Bild zeigt die Werkstatt, in der die Jungen eine Ausbildung erhielten. Kreise auf dem Bild ein: Säge, Spinnmaschine, Bügeleisen, Schere, Dreschflegel.*

6. *Zu welchem Beruf wurden die Jugendlichen im „Rauhen Haus" ausgebildet?*

_____

7. *Welche Ausbildung erhielten wohl die Mädchen?* _____

_____

8. *Urteile über die Maßnahmen von Staat, Unternehmern und Kirche, um die soziale Frage zu lösen.*

_____

_____

9. *Die Arbeiter erkannten recht bald: Um die soziale Frage zu lösen, mussten sie sich selbst helfen. Oft kamen sie des Sonntags zusammen, um ihre Angelegenheiten zu besprechen. – Was konnten sie tun?*

M4 Arbeiter beraten sich. Jugendbuchillustration.

_____

_____

_____

Jeder nach seinen Fähigkeiten – jedem nach seinen Bedürfnissen

Einige Intellektuelle traten offen für die Sache der Arbeiter ein. Sie meinten, es genüge nicht, den ausgebeuteten Menschen milde Gaben zu reichen – im Gegenteil, das verlängere nur deren Elend. Viel sinnvoller sei es, das Übel von der Wurzel her zu beseitigen. Zu diesen Radikalen (von lateinisch radix = Wurzel) zählten Karl Marx und Friedrich Engels.

1. *Halte über Karl Marx oder Friedrich Engels ein Kurzreferat.*

M1 Karl Marx (1818–1883)   Friedrich Engels (1820–1895)

2. *Marx und Engels waren davon überzeugt, das eines Tages das Proletariat (s. S. 5) die Macht übernehmen werde. Im Kommunismus, der keine Klassen kennt, gelte der Grundsatz: Jeder nach seinen Fähigkeiten – jedem nach seinen Bedürfnissen. Erläutere diesen Satz.*

_____

_____

_____

3. *Wie sich Marx und Engels den Weg zum Kommunismus vorstellten, erfährst du, wenn du die folgenden Sätze richtig ordnest.*

	Große Firmen kaufen die kleinen Firmen auf. Das Kapital befindet sich in den Händen weniger Familien.	**N**
1	Die Unternehmer beuten die Arbeiter aus und werden immer reicher.	**E**
	Die Fabriken produzieren so viele Waren, dass sie dafür keine Abnehmer mehr finden. Zahlreiche Arbeiter werden entlassen. Eine allgemeine Wirtschaftskrise entsteht.	**G**
	Im Kommunismus leben die Menschen in Wohlstand und Frieden.	**S**
	Der Staat wird allmählich überflüssig und löst sich auf.	**L**
	Die Proletarier vertreiben die Unternehmer und übernehmen die Macht.	**E**

Lösungswort:

1	2	3	4	5	6

4. *Nach Marx und Engels könnten die Proletarier nur durch eine Revolution ihr Ziel erreichen. Wie stand wohl das Bürgertum dem Kommunismus gegenüber?*

_____

_____

Fahre mit mir im Automobil

„Automobil" heißt auf Deutsch „Selbstbeweger". Dieses Fahrzeug hat das Verkehrswesen revolutioniert, und – wie so manche andere Erfindung – Alltag und Umwelt entscheidend verändert.

M1 Zwischenfall auf der Landstraße. Jugendbuchillustration.

1. *Schildere kurz, was sich auf der Landstraße ereignet hat.*

_____

_____

_____

_____

2. *Zähle auf, was alles mit dem Auto zusammenhängt, z. B. Autobahnen, Werkstätten, Abgase.*

_____

_____

_____

Ein Bett für sich allein

M1 Ein Schriftsteller erzählt:

Am Eingang der schäbigen Mietskaserne hing ein Schild ...: „Schlafstelle zu vermieten. Gruber, 3. Stock, 6. Tür."
Max Rathke betrat das Haus. Er kannte das alles.
5 Den Gestank nach Essen, Urin und schlecht gelüfteten Wohnungen. Die knarrenden, ausgetretenen Treppenstufen und das Geländer, in dem die Streben klapperten, wenn man daran stieß. Das Halbdunkel und die klamme Kühle, die einen frös-
10 teln ließ. Genauso war es zu Hause gewesen. Aber hier hatte er wenigstens ein Bett für sich.
3. Stock. Er zählte die Türen ab, Namensschilder gab es hier nicht ... Er klopfte. Schlurfende Schritte, dann öffnete sich die Tür.
15 Eine Frau stand vor ihm, den mageren Körper in einen viel zu großen Kittel gehüllt ... Sie sah fast aus wie seine Mutter, nur dass noch keine grauen Strähnen in den dunklen Haaren waren, und ihre Haut war noch nicht ganz so welk.
20 „Was gibt's?", fragte sie misstrauisch.
„Ich komm' wegen der Schlafstelle." Das Misstrauen wich nicht ... „Ham Sie 'ne Arbeit?"
„Ja, ich bin in der Gießerei von Mühlkamp." Die Frau ... sah Max fragend an.
25 „Zwei Taler fünf Groschen die Woche", sagte Max ... Der Blick der Frau wurde freundlicher.
„Komm rein", sagte sie und zog die Tür weit auf. Max trat ein und blinzelte ... Dass so viel Tageslicht in das Zimmer fiel, irritierte ihn einen
30 Moment lang; seine Eltern und Geschwister hausten im Keller. Dann freute er sich, denn er hatte ja gehofft, dass er es besser treffen würde. Der Mann und die fünf Kinder saßen um den Tisch, löffelten Suppe und kauten ihr Brot. Kaum einer sah auf,
35 als die Frau erklärte: „Ein neuer Schlafgänger." Sie fasste Max an der Schulter. „Pass auf. Da drin, das ist unsere Schlafkammer. Da hast du nichts verloren. Dein Bett ist da." Sie deutete auf einen dünnen braunen Vorhang, hinter dem sich wohl
40 eine Bettnische verbarg. „Die Miete ist zehn Groschen die Woche. Morgens um fünf musst du raus sein, denn dann ...", sie zog ihn am Ärmel zu der Nische und schob den Vorhang beiseite, „... ist er dran. Er ist Nachtwächter." In dem schmalen
45 Bett lag ein graubärtiger Mann und schlief, ohne

sich von den Geräuschen ringsum stören zu lassen. Erst als die Frau rasselnd und keuchend zu husten begann, öffnete er einen Moment lang die Augen, brummte: „Hör mit der verdammten Husterei auf",
50 und drehte sich wieder zur Wand. „Quatsch nicht", erwiderte die Frau ungerührt, „schlaf weiter, deine Zeit läuft ab." Sie zog den Vorhang wieder zu und drehte sich zu Max. „Ich bin in der Streichholzfabrik", sagte sie. „Da sind Dämpfe, die machen
55 den Husten. Aber er ist nicht schlimm. Er ist nicht blutig und steckt nicht an."
Max nickte. Übergangslos fuhr sie fort: „Du kannst morgens einen Kaffee haben, dann kostet es einen Groschen mehr." Max nickte wieder.
60 „Die unterste Schublade von der Kommode kannst du benutzen, und den Hocker davor. Wasser ist in dem Krug, die Schüssel daneben kannst du auch nehmen. Am Dienstag und Donnerstag musst du Wasser holen." Max nickte zum dritten Mal. „Um
65 Viertel nach fünf gehen wir alle aus dem Haus. Am besten, du gehst dann gleich mit. Tagsüber darfst du nicht herkommen, auch am Sonntag nicht." Max nickte nicht mehr, sondern starrte auf den Tisch mit der Suppe und dem Brot und auf den es-
70 senden Mann und die essenden Kinder. Die Frau folgte seinem Blick mit den Augen und sagte kurz: „Es reicht gerade für uns." Max erwiderte nichts. Erst an der Tür sagte er: „Also abgemacht. Ab heute Abend." „Abgemacht", sagte die Frau. Dann
75 folgte sie ihm und streckte die Hand aus. „Das Schlafgeld im Voraus", verlangte sie. Max sah sie misstrauisch an. „Keine Angst, ich hau' dich nicht übers Ohr." Wortlos zählte Max ihr elf Silbergroschen in die Handfläche.
80 „Bis heute Abend", sagte er dann ... So wurde Max Rathke Schlafgänger bei der Familie Gruber.

Erzählt nach Harald Parigger, Geschichte erzählt, Frankfurt a. M. 1994, S. 330 ff.

1. *Lest den Text mit verteilten Rollen.*
2. *Spielt die Szene.*

1. Löse das Silbenrätsel. Die Zahl am Ende der Zeile nennt den Buchstaben für das Lösungswort, den du unten in das Kästchen einträgst.

Ar – bahn – bam – bei –
chern – damp – der – duk –
E – Ei – fall – fer – fra –
ge – get – He – Koh – le –
lek – lin – me – mo – Pro –
ra – Rad – schutz – sen –
Suff – tät – te – ter – ti –
tor – tro – Un – vi – Wi – Zy

a) Leistungsfähigkeit, Ergiebigkeit (1) _____

b) Teil der Dampfmaschine (8) _____

c) Kraftmaschine (7) _____

d) Brennstoff (4) _____

e) Schrittmacher der Industrialisierung (1) _____

f) Englische Frauenrechtlerin (9) _____

g) Forderung der Fabrikarbeiter (4) _____

h) Leiter des „Rauhen Hauses" (6) _____

i) Soziale Frage (5) _____

j) Frauenberuf, s. Bild (2) _____

k) Verkehrsmittel, s. Bild (1) _____

Lösungswort:

a	b	c	d	e	f	g	h	i	j	k

Imperialismus und Erster Weltkrieg

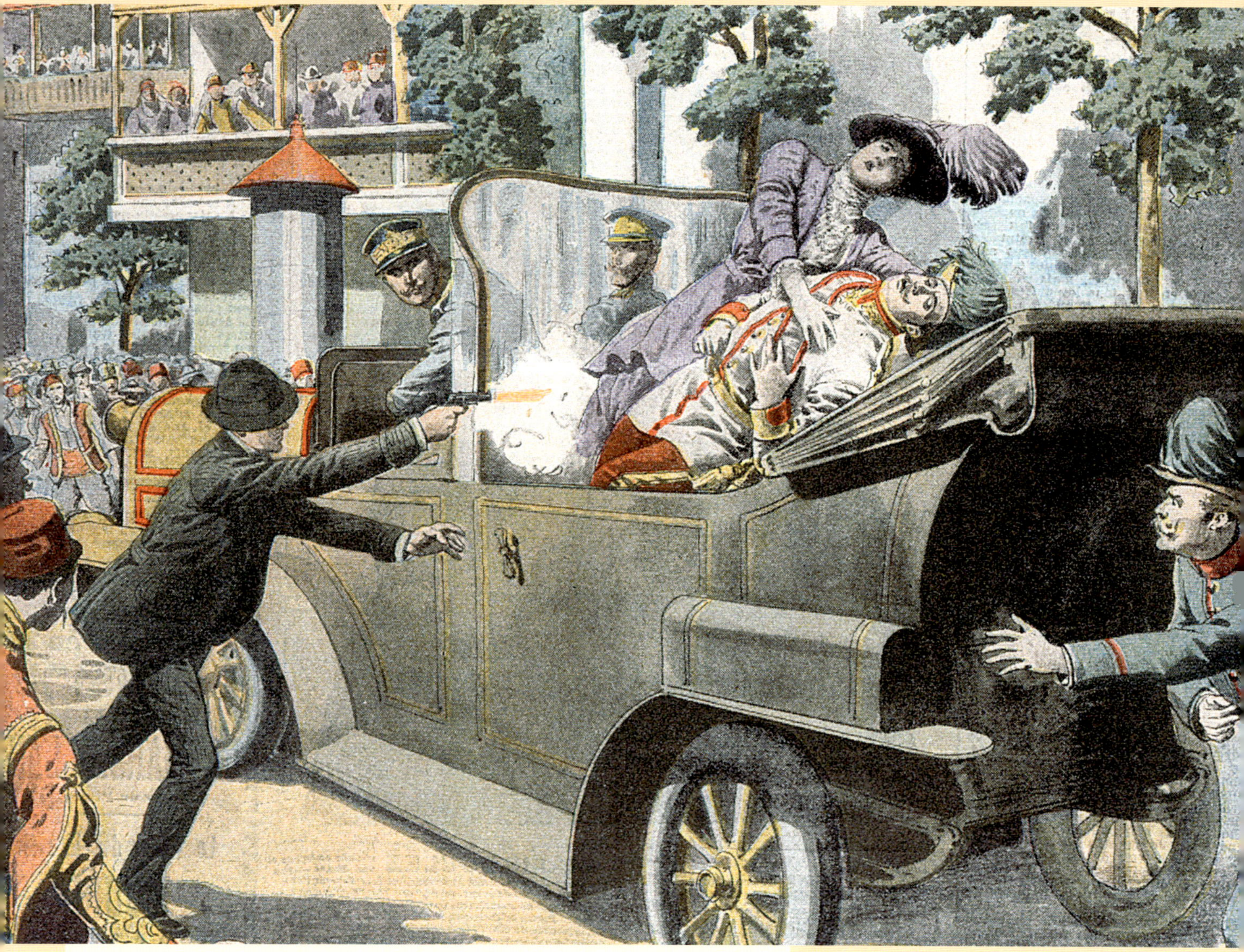

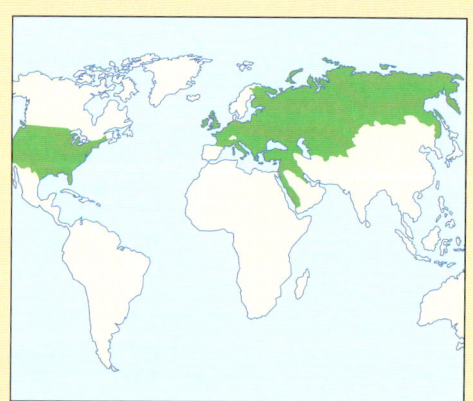

Die Spannungen unter den imperialistischen Mächten entluden sich im Ersten Weltkrieg.
Auf dem Bild siehst du, wie der Serbe Gavrilo Princip im Juni 1914 den österreichischen Thronfolger Franz Ferdinand und dessen Gattin erschießt (Lithographie, 1914). Dieses Attentat war der Anlass für den Ausbruch des Krieges. Der Erste Weltkrieg ist der erste „industrielle Krieg". Die Kriegsparteien setzten Massenvernichtungswaffen ein. Die Bilanz: zehn Millionen Tote.

1870	1884	1904–1907	1905–1914

Neuzeit

▶ Beginn europäischer Kolonialpolitik   • Deutschland wird Kolonialmacht   ⊢ Krieg der Deutschen gegen die Hereros ⎯   ⊢ Wettrüsten der europäischen Mächte

Wir brauchen Kolonien!

Die Industriestaaten schauten auf „unterentwickelte" Völker herab. Sie glaubten, das Recht zu haben, aus diesen Ländern Kolonien zu machen. Die Ausdehnung ihres Macht- und Einflussbereichs – hauptsächlich zwischen 1870 und 1920 – nennt man Imperialismus.

1. *Die folgenden Zitate a) bis e) nennen Gründe für den Erwerb von Kolonien. Suche für jeden Text eine Überschrift im Stil einer Tageszeitung.*

M1 Titelseite einer französischen Zeitschrift, 1911.

_____

a) Der französische Außenminister Hanatoux, 1896:
„Bei der Ausdehnung Frankreichs handelt es sich nicht um Eroberungs- oder Machtpolitik, sondern darum, jenseits der Meere in Landstrichen, die gestern barbarisch waren, die Prinzipien der Zivilisation zu verbreiten."

_____

b) Der britische Politiker Cecil Rhodes, 1877:
„Ich behaupte, dass wir die erste Rasse in der Welt sind und dass es für die Menschheit umso besser ist, je größere Teile der Welt wir bewohnen."

M2 Illustration aus einem englischen Atlas.

_____

c) Der britische Vizekönig in Indien, Lord Curzon, 1909: Indien „liefert uns im Überfluss das Rohmaterial für einen großen Teil unserer Industrie und bedeutende Mengen an Nahrungsmitteln … Gleichzeitig ist Indien der beste Käufer für englische Erzeugnisse."

_____

d) Der Afrikaforscher Hans Meyer, 1899:
Eine Weltmacht muss, „wie der Name sagt, auch ein genügend großes Stück der Welt besitzen!"

_____

e) Deutsche Fachleute auf einem Kongress, 1910:
„Ich glaube, dass es auch von Seiten der Mission nicht bestritten wird, dass der Neger der Aufsicht bedürftig sei. Deshalb schicken wir ja weiße Leute als Missionare nach Afrika."

2. *Ordne den Bildern eine der Aussagen a) bis e) zu:*   M1 = _____   M2 = _____

28. Juli 1914	1916	1917	1918

Neueste Zeit

▸ Beginnn des Ersten Weltkriegs • Schlacht von Verdun • Kriegseintritt der USA • Oktoberrevolution in Russland • Ende des Ersten Weltkriegs

Ein Platz an der Sonne

In den 80er-Jahren des 19. Jahrhunderts wetteiferten die europäischen Industriestaaten um die letzten „herrenlosen Gebiete". Auch Deutschland wollte einen Platz an der Sonne und „erwarb" in Afrika: das kleine Togo, Kamerun, Deutsch-Südwestafrika und Deutsch-Ostafrika.

1. Warum stehen in dem Text „herrenlose Gebiete" und „erwarb" in Anführungsstrichen?

_____

_____

_____

_____

2. Welche drei europäischen Mächte waren die größten Kolonialherren in Afrika?

_____

_____

3. Trage die Namen der deutschen Kolonien auf der Karte ein.

M1 Afrika um 1914.

Atlantischer
Ozean

Kongo

M2 Aus einer französischen Illustrierten, 1913.

4. Das Bild M2 trägt die Unterschrift: „Französische und deutsche Unterhändler ziehen die neuen Grenzen zwischen Kongo und Kamerun." Was bedeutete die teils willkürliche Grenzziehung für die Völker und Stämme Afrikas?

_____

_____

_____

_____

_____

Exotische Waren

Die Kolonialherren bauten Häuser, Schulen und Kirchen. Auf ihren Plantagen wuchsen die Pflanzen, die in Europa begehrt waren. Den Einheimischen zwangen sie ihre Lebensweise auf.

1. *Suche dir acht exotische Produkte aus (M1) und erläutere kurz, wozu sie dienten (z. B. Kaffee = anregendes Getränk).*

_____

_____

_____

_____

_____

_____

_____

M1 Produkte französischer Kolonien. Informations- und Propagandabild, Ende des 19. Jahrhunderts.

M2 Hereros. Foto, um 1900.

M3 Hereros. Foto, um 1900.

2. *Äußere dich zu den Fotos M2 und M3.* _____

_____

_____

_____

Afrikanischer Widerstand

Einige afrikanische Stämme waren nicht bereit, sich von den Kolonialherren alles gefallen zu lassen. So erhoben sich 1904 die Hereros. Sie wurden in der Schlacht am Waterberg besiegt und in die Wüste gedrängt, wo die meisten von ihnen umkamen. Die Nama lieferten den Deutschen einen verlustreichen, letztlich aber vergeblichen Guerillakrieg.

1. *Erläutere, warum die Hereros im Kampf gegen die deutschen Soldaten keine Chance hatten.*

M1 Deutsche Truppen im Kampf gegen die Hereros. Zeitgenössische französische Darstellung.

2. *Warum haben die Hereros trotz ihrer Unterlegenheit den Kampf aufgenommen? Stelle Vermutungen an.*

3. *Was ist ein Guerillakrieg?*

4. *Die Nama wurden von den Weißen auch „Hottentotten" (= Stotterer) genannt. Was schließt du daraus?*

5. *Die Nachkommen der Hereros verlangen von der Bundesrepublik eine Entschädigung. Wie stehst du zu dieser Forderung?*

Afrikaner in der Werbung

Die moderne Werbung ist eine Begleiterscheinung der Industrialisierung. Sie will den Kunden zum Kauf eines bestimmten Produkts ermuntern. Ihre Texte sind kurz, eingängig und auf den Käufer zugeschnitten. Daher lässt sich aus der Werbung oftmals ablesen, was Menschen denken bzw. früher gedacht haben.

1. *Die moderne Werbung kam während der Industriellen Revolution auf, weil damals*

- die Massenproduktion begann.
- die Zahl der Analphabeten sank.
- die Zeitungen damit viel Geld verdienten.

Streiche die falschen Antworten durch und erläutere die richtige.

_____

_____

M1 Litfaßsäule. Foto, 1910.

2. *Rechts siehst du einen berühmten Werbeträger: die Litfaßsäule (M1). Versuche herauszubekommen, woher sie ihren Namen hat.*

_____

_____

3. *Nenne andere Werbeträger.* _____

_____

M2 Seifenreklame. Aus einer Zeitschrift, um 1885.

4. *Schildere, was auf M2 dargestellt ist.*

_____

_____

_____

_____

_____

5. *Wie wurden Afrikaner damals gesehen?*

_____

_____

Trugbilder

Oft hat man falsche Vorstellungen über sich und andere. In der Politik können solche Fehleinschätzungen verhängnisvoll sein.

M1 Titelseite einer Zeitschrift, um 1890.

1. *Was wird ein Leser denken, wenn er dieses Bild sieht?* _____

_____

_____

2. *Male ein ähnliches Bild, und zwar, wie Yahida Yoruba, die Tochter eines Stammesfürsten, die Weißen sieht.*

3. *Was ist so gefährlich an solchen trügerischen Bildern, die Völker voneinander haben?*

_____

_____

Europa – ein Pulverfass

Rivalität, nationale Überheblichkeit sowie der Glaube an die eigene Stärke führten zu unerträglichen Spannungen unter den europäischen Großmächten, die sich schließlich im Ersten Weltkrieg entluden. Untersuche die Ursachen für den Ausbruch des Krieges.

1. *Auf der Karikatur M1 siehst du China (1), Deutschland (2), England (3), Frankreich (4), Japan (5) und Russland (6). Trage die Zahlen ein und deute die Darstellung.*

_____

_____

_____

_____

M1 Karikatur, um 1900.

2. *Die Karikatur M3 hat den Titel: „Wie sollen wir uns da die Hand geben". Links siehst du den Deutschen, rechts den Engländer. Worauf spielt die Karikatur an?*

_____

_____

_____

M2 Europäisches Bündnissystem vor dem Ersten Weltkrieg.

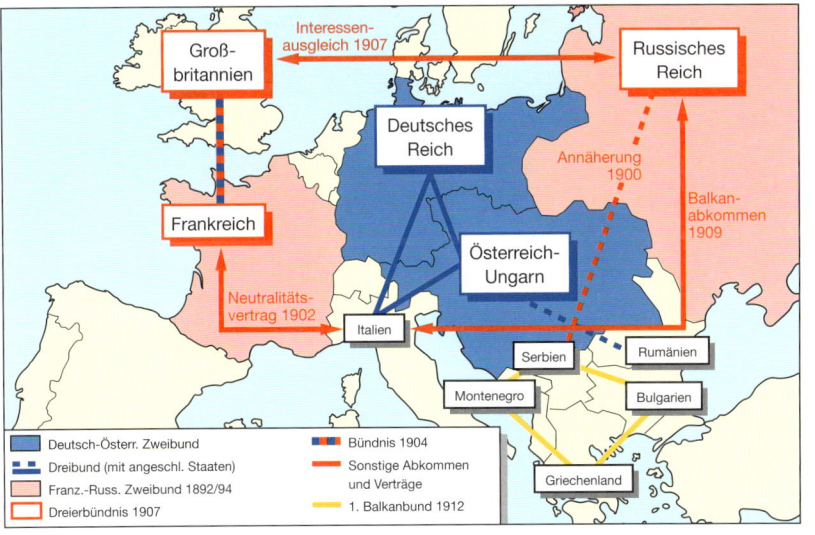

M3 Aus dem „Simplicissimus", 1912.

3. *Inwieweit trugen die Bündnisse (M2) zum Ausbruch des Krieges bei?*

_____

In Europa gehen die Lichter aus

Ein Vertreter der amerikanischen Botschaft meinte im Mai 1914, der Militarismus in Europa sei wahnsinnig. Wenn sich nichts ändere, werde es eines Tages eine Weltkatastrophe geben. Der Amerikaner sollte Recht behalten: Ein Vierteljahr später begann der „Große Krieg", der später als Erster Weltkrieg in die Geschichte einging.

1. *Male Deutschland und seine Verbündeten hellblau (Österreich-Ungarn sowie später Bulgarien, Osmanisches Reich), die neutralen Staaten gelb (Niederlande, Belgien, Luxemburg, Dänemark, Norwegen, Schweden, Spanien, Albanien, Schweiz) und die Gegner der „Mittelmächte" hellrot (Großbritannien, Frankreich, Russland, Portugal, Serbien, Montenegro sowie später Italien, Griechenland).*

M1 Europa 1914.

2. *Beurteile die kriegerische Ausgangslage der Mittelmächte.*

_____

_____

_____

M2 Der Schlieffen-Plan.

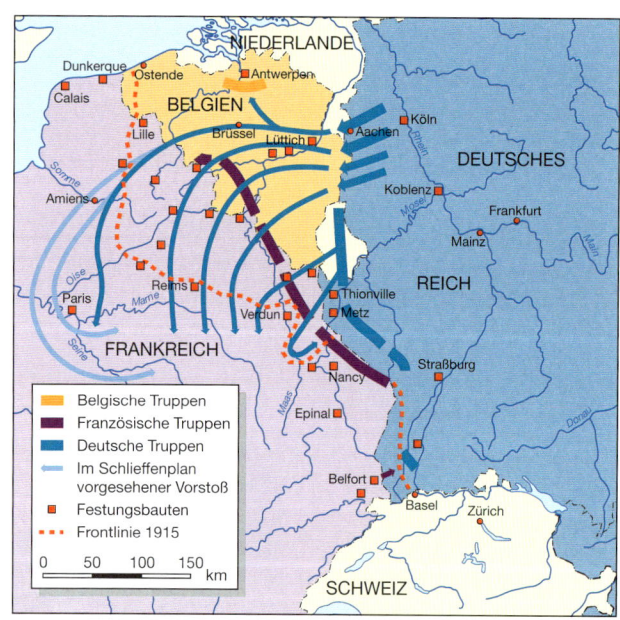

3. *Dem Deutschen Reich drohte ein „Zweifrontenkrieg". Was ist darunter zu verstehen?*

_____

_____

4. *Um einen Zweifrontenkrieg zu vermeiden, hatte der Chef des deutschen Generalstabs, Alfred von Schlieffen, einen Angriffsplan (M2) entwickelt. Erläutere ihn.*

_____

_____

5. *Welches Völkerrecht verletzte der Schlieffen-Plan (s. Karte M2)?*

_____

_____

Auf in den Kampf!

Im Sommer 1914 herrschte eine ungeheure Kriegsbegeisterung. Selbst die meisten Sozial-demokraten – die stärkste antimilitaristische Kraft – dachten wie der SPD-Abgeordnete Hugo Haase, der für seine Partei im Reichstag erklärte: „Wir lassen das Vaterland in der Stunde der Gefahr nicht im Stich."

M1 Plakat zur Mobilmachung, 1914.

1. *Was heißt, ein Staat ordnet die Mobilma-chung an?*

_____

_____

M2 Deutsche Soldaten bei der Abfahrt. Foto, 1914.

2. *Welche Sprüche stehen auf dem Eisenbahn-waggon?*

_____

_____

_____

M3 Ausschnitt aus einer Postkarte, 1914.

3. *Auf dem unteren Teil der Postkarte (M3) stand, wie man mit dem „Britt" (= Brite) und dem „Japs" (= Japaner) umzugehen ge-dachte. Ergänze den Spruch auf der Karte.*

_____

_____

4. *Gründe für die Kriegsbegeisterung:*
a) Der Gegner wurde maßlos unterschätzt.
b) Man hoffte auf Ruhm und Ehre.
c) Deutschland sollte größer und stärker werden.

Suche dir einen Punkt aus und erläutere ihn oder nenne weitere Gründe.

_____

Krieg an allen Fronten

Nachdem der deutsche Vormarsch im Westen zum Stehen gebracht worden war, erstarrte die Front. Auf einer Frontlinie von 700 Kilometern Länge lagen sich Millionen Soldaten in Schützengräben gegenüber. Aus dem Bewegungskrieg war ein Stellungskrieg geworden. Stundenlang wurde der Gegner unter Feuer genommen. An manchen Tagen verschoss die Artillerie mehr Munition als während des gesamten Krieges von 1870/71.

1. *Der Lückentext beschreibt, wie es der Zivilbevölkerung während des Krieges erging. Setze die folgenden Wörter richtig ein: Angehörigen, Blockade, Flotte, Frauen, Häfen, Krieg, Lebensmittel, Schulkinder, Unterernährung.*

Die englische _____ verhinderte,

dass Handelsschiffe deutsche _____

anliefen. Wegen dieser _____

konnten weder _____ noch

wichtige Rohstoffe eingeführt werden. Je länger der _____ dauerte, desto spürbarer wurde der Mangel. Von 1914 bis 1918

starben etwa 750 000 Menschen an den Folgen der _____. Um die „Lücken"

in den Rüstungsbetrieben zu schließen, wurden _____ eingestellt. Täglich mussten sie

mit dem Tod eines nahen _____ an der Front rechnen. _____

wurden aufgefordert, alles Verwertbare zu sammeln. Genützt hat es nicht viel.

M1 Postkarte, 1916.

2. *Was hältst du von der Bezeichnung „Heldentod"?*

_____

_____

3. *Was machte man mit den Brennnesseln?* _____

_____

M2 Plakat, 1917.

4. *Damals sprach man oft von der „Heimatfront". Erkläre diesen Begriff.*

_____

_____

Das neue Gesicht des Krieges

Im Ersten Weltkrieg wurden erstmalig Massenvernichtungswaffen eingesetzt: Ferngeschütze, Maschinengewehre, Handgranaten, Giftgas, Panzer, Unterseeboote und Bombenflugzeuge. Die Bilanz war fürchterlich. Allein in der Schlacht bei Verdun (1916) starben etwa 500 000 Franzosen und Deutsche, ohne dass eine Seite die Schlacht für sich entscheiden konnte.

M1 Tote Soldaten auf dem Schlachtfeld von Verdun. Foto, 1916.

1. *Die Soldaten waren gehorsam und tapfer. Sie träumten davon, bald ihre Angehörigen wiederzusehen. Sie hatten keine Chance. – Welche Gedanken kommen dir bei diesem Bild?*

_____

_____

_____

Der Krieg ist kein Ort für Gedichte

M1 Ein Schriftsteller erzählt:

Sie hocken zu dritt in dem schlammigen Unterstand. Georg, Werner und der kleine Erich. Anfangs sind sie sechs gewesen, aber nun liegt einer irgendwo, draußen, dort, wo ihn ein Schrapnell er-
5 wischt hat. Einer ist auf eine Mine getreten: Kein Leichnam beweist, dass er je gelebt hat. Der dritte hat es gut. Er hat eine Gewehrkugel abbekommen, eine glatte, saubere Gewehrkugel.
Sie haben einfach ein Loch in die Grabenwand ge-
10 hackt und ihn dort hineingesetzt, gerade und ordentlich. Sogar das nasse Haar haben sie ihm aus der Stirn gestrichen.
Seine Braut, wenn sie ihn hätte sehen können, sie würde ihn in bester Erinnerung behalten.
15 Sie können nicht schlafen. Nicht, weil der Tote ein paar Meter von ihnen entfernt in seiner Nische liegt. Er hat sie als Lebender nicht gestört, er stört sie auch nicht als Toter. Aber es ist kalt, und von den Wänden des Unterstands rinnt das Wasser;
20 ihre Kleider sind feucht, und sie frieren. Sie können nicht schlafen, also reden sie.
„Meine Mutter hat mir ein Buch geschickt", sagt der kleine Erich. „Ein Buch?" Werners Stimme klingt ungläubig. „Ein Buch? Was steht drin? Wie
25 eine Frau aussieht? Wie man sich fühlt, wenn man gebadet hat? Wie ein Rumpsteak schmeckt?"
„Ein Buch ist etwas sehr Nützliches", sagt Georg versonnen. „Wenn man Tabak hat, kann man sich mit einer einzigen Seite ein paar Zigaretten dre-
30 hen. Wie dick ist das Buch?"
„Ihr seid Idioten", sagt der kleine Erich leise. „Es ist ein Buch über den Krieg."
Draußen schweigt der Krieg. Ab und zu durchdröhnt eine ferne Detonation die Nacht, aber
35 sonst ist es ruhig.
„Es ist ein Buch über den Krieg", wiederholt der kleine Erich. Niemand sagt etwas darauf, also fährt er fort: „Es handelt von Freundschaft im Krieg. Ein Gedicht ist auch drin. Ich hab es aus-
40 wendig gelernt. Soll ich es euch vorsagen?" Georg und Werner antworten immer noch nicht, also fängt er einfach an:
„Wildgänse rauschen durch die Nacht,
mit schrillem Schrei nach Norden –
45 Unstete Fahrt! Habt acht, habt acht!

Die Welt ist voller Morden."
Seine leise Stimme verschmilzt nicht wie ihre Unterhaltung vorhin mit dem Rinnen des Regens, mit dem Zerplatzen der Tropfen auf dem Dach des
50 Unterstands und dem Knarren der Bäume. Die Wörter klingen fremd, so dass man gar nicht hinhören möchte, wie ein Herrenwitz, den jemand bei einem Damenkränzchen erzählt. Nach der dritten Strophe sagt Erich: „Ich hab' mir eine Melodie da-
55 zu ausgedacht."
Mit seiner dünnen, ein bisschen brüchigen Stimme singt er die vierte Strophe:
„Wir sind wie ihr ein graues Heer
und fahr'n in Kaisers Namen.
60 Und fahr'n wir ohne Wiederkehr,
rauscht uns im Herbst ein Amen!"
Die Fremdheit vertieft sich, die Wörter werden zu Empfindungen, und als Erich geendet hat, summt Werner die Melodie leise nach. „Sei still!", fährt
65 ihn Georg an, und als Erich trotzig sagt: „Ich finde es schön!", ruft er noch einmal: „Sei still!" Dumpf schallt eine Explosion herüber, vielleicht ist ein Reh auf eine Mine getreten. Reh oder Mensch, keiner denkt weiter darüber nach. „Er ist ein Lump,
70 der das geschrieben hat", sagt Georg. Er sagt es ganz sachlich und ohne Wut. „Und schlimmer als die Narren, die uns erzählen, wie schön der Krieg ist und wie herrlich es ist, als Held sein Leben zu lassen. Er lässt dem Krieg seinen Schrecken, aber
75 er wandelt den Schrecken in Poesie. Er weckt Sehnsucht nach dem Tode, auch bei dem, der kein Held sein will."
„Warum willst du mir die Freude nehmen, die mir das Gedicht macht?", fragt der kleine Erich.
80 „Er hat recht", sagt Werner. „Warum willst du ihm die Freude nehmen?" „Der Krieg ist kein Ort für Gedichte." Georg spuckt geräuschvoll aus. „Der Krieg ist ein Ort für zerrissene Leiber, für geplatzte Trommelfelle, für Läuse und Dreck, ein Ort für ver-
85 schimmeltes Brot und vollgeschissene Hosen. Im Krieg gibt es keine Sehnsucht nach dem Tod, nur nach dem Überleben. ‚Wenn du krepierst, dann nehm' ich deine Jacke, denn sie ist wärmer als meine.' Das ist die ganze Poesie des Kriegs." Zwei
90 Tage später wird Georg von einer Granate getrof-

fen. Seine Braut, wenn sie ihn jetzt sehen könnte, sie würde ihn nicht wiedererkennen. Werner und Erich schaufeln ein Loch in die Grabenwand, so tief, dass auch am Tag kein Licht auf sein Gesicht
95 fällt. Niemand sagt ein Gedicht auf, niemand singt ein Lied.

Der kleine Erich hat zerrissene Stiefel. Er nimmt sich die des Toten. Sie passen wie angegossen. Das ist die Poesie des Kriegs.

Erzählt nach Harald Parigger, Geschichte erzählt, Von der Antike bis zum 20. Jahrhundert, Frankfurt a. M., S. 363–365.

1. *Was ist ein Schrapnell?*

2. *Warum ist Georg so wütend auf den Verfasser des Gedichts?*

3. *Was hältst du von solchen Gedichten?*

M2 Britischer Schützengraben während der Schlacht an der Somme. Foto, 1916.

1917 – Kriegseintritt der USA

Am 1. Februar 1917 eröffnete Deutschland den uneingeschränkten U-Boot-Krieg, um Großbritannien von der Versorgung aus Übersee abzuschneiden. Die USA sahen dies als „Krieg gegen die Menschheit" an und traten gegen Deutschland in den Krieg ein.

1. Erkläre, was „uneingeschränkter U-Boot-Krieg" bedeutet.

_____

_____

_____

2. Warum löste er in den USA so große Empörung aus?

_____

_____

_____

M1 Torpediertes amerikanisches Frachtschiff, Foto.

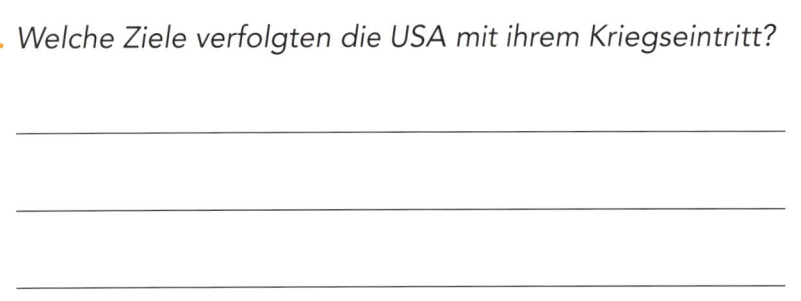

M2 Der Moloch spuckt Kriegsmaterial aus. Karikatur aus dem „Simplicissimus", 1917.

3. Worauf spielt die Karikatur M2 an?

_____

_____

4. Frankreich und Großbritannien finanzierten die Waffen aus den USA mit Krediten, die sie bei amerikanischen Banken aufgenommen hatten. Wie sollten diese Kredite zurückgezahlt werden?

_____

_____

M3 Werbeplakat für die US-Armee.

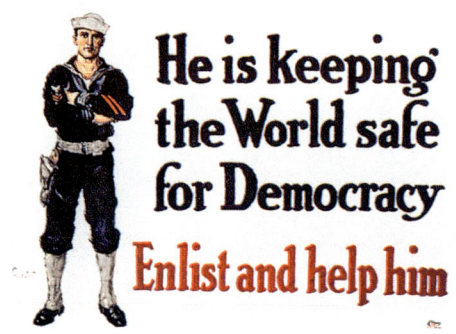

5. Welche Ziele verfolgten die USA mit ihrem Kriegseintritt?

_____

_____

_____

1917 – Russische Revolution

Als sich im Februar 1917 das Militär weigerte, auf Demonstranten zu schießen, dankte Zar Nikolaus II. ab. Da die neu gebildete Regierung die Forderungen der Bevölkerung – Frieden, Brot und Land (für die Bauern) – nicht erfüllte, konnten im Oktober die kommunistischen Bolschewiki die Macht an sich reißen und den ersten sozialistischen Staat errichten.

1. *Löse das folgende Zahlenrätsel. Gleiche Zahlen stehen für gleiche Buchstaben.*

Letzter russischer Zar
| 1 | 2 | 3 | 4 | 5 | 6 | 7 | 8 |

Stadt, in der es im Febr. 1917 zum Aufstand kam
| 9 | 10 | 11 | 10 | 12 | 8 | 13 | 7 | 12 | 14 |

Spontan gebildete Komitees oder Räte
| 8 | 4 | 15 | 16 | 10 | 11 | 8 |

Führer der Oktoberrevolution (s. M1)
| 5 | 10 | 1 | 2 | 1 |

und sein Nachfolger (auf dem Bild M1 hinter ihm)
| 8 | 11 | 6 | 5 | 2 | 1 |

Kommunistische Streitmacht
| 12 | 4 | 11 | 10 | 6 | 12 | 17 | 10 | 10 |

Neuer Name Russlands
| 8 | 4 | 15 | 16 | 10 | 11 | 7 | 1 | 2 | 4 | 1 |

Hauptstadt der UdSSR
| 17 | 4 | 8 | 3 | 6 | 7 |

Friedensschluss mit Deutschland
| 13 | 12 | 10 | 8 | 11 | — | 5 | 2 | 11 | 4 | 15 | 8 | 3 |

Angst des Westens (s. M2)
| 15 | 10 | 5 | 11 | 12 | 10 | 18 | 4 | 5 | 7 | 11 | 2 | 4 | 1 |

M1 „Lenin ruft die Sowjetmacht aus". Gemälde von Wladimir Serow, 1947.

M2 „Genosse Lenin reinigt die Erde von Ungeziefer". Plakat von Deni, 1920.

Opfer

Bereits im August 1914 erkannte der französische Botschafter in Sankt Petersburg: „Der jetzige Krieg … ist ein Krieg auf Leben und Tod, in welchem jeder Kämpfende seine nationale Existenz aufs Spiel setzt." Die Folge: Millionen von Gefallenen.

1. *Veranschauliche die Zahl der Gefallenen, indem du ein großes Kreuz für eine Million und ein kleineres Kreuz für jeweils 100 000 Tote in das jeweilige Land auf der Karte M2 einträgst.*

(Die Tabelle berücksichtigt nicht die Opfer unter der Zivilbevölkerung.)

M1 Opfer des Ersten Weltkriegs.

Staaten	Gefallene	Verwundete
Deutschland	1,8 Mio.	4,2 Mio.
Frankreich	1,4 Mio.	3,0 Mio.
Großbritannien	0,9 Mio.	2,1 Mio.
Italien	0,5 Mio.	0,9 Mio.
Österreich-Ungarn	1,2 Mio.	3,6 Mio.
Russland	1,7 Mio.	5,0 Mio.
Türkei	0,3 Mio.	0,4 Mio.

M2 Europa 1914.

2. *Was ist mit den englischen Soldaten auf dem Bild M3 geschehen?*

_____

_____

_____

_____

_____

_____

M3 „Gassed". Ölgemälde von John Singer Sargent, 1918.

1. *Löse das Silbenrätsel. Die Zahl am Ende der Zeile nennt den Buchstaben für das Lösungswort, den du unten in das Kästchen einträgst.*

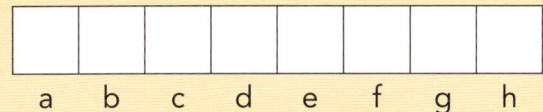

al – dun – Flot – ge – He –
Ja – Ka – Ko – lo – Ma –
Ma – me – nen – nie – pan –
re – ri – ros – run – schi –
schlacht – te – te – Ver – wehr

Lösungswort:

a	b	c	d	e	f	g	h

a) *Afrikanischer Stamm (7)* _____

b) *Deutsche Kolonie in Afrika (2)* _____

c) *Umkämpfte Festung in Frankreich (3)* _____

d) *Schlacht mit stundenlangem Trommelfeuer (2)* _____

e) *Kriegsgegner der Mittelmächte (1)* _____

f) *Teil einer Streitmacht, s. Bild (6)* _____

g) *Neue Waffe im Ersten Weltkrieg, s. Bild (12)* _____

h) *Europäische Besitzung in Übersee (2)* _____

Europa nach dem Ersten Weltkrieg

Staatsgrenzen 1914

Staatsgrenzen 1920

Nach dem Ersten Weltkrieg veränderte sich die politische Lage in Europa. Neue Staaten entstanden. Deutschland wurde eine Republik, in Russland setzten sich die Kommunisten durch, und in einigen Ländern kamen Faschisten an die Macht. Die vielen Veränderungen schufen Unruhe und Spannungen.

November 1918   *9. November 1918*   *1922*   *1923*

Neueste Zeit

- Novemberrevolution in Deutschland
- Philipp Scheidemann (SPD) ruft die Republik aus.
- ▶ Entstehung einer faschistischen Diktatur in Italien
- Krisenjahr in Deutschland: Ruhrbesetzung, Inflation, Putschversuche

Glauben – gehorchen – kämpfen

Nach dem Ersten Weltkrieg entstanden neue Diktaturen. Sie verherrlichten den Krieg, bekämpften den Kommunismus und scheuten sich nicht, ihre Ziele mit Terror durchzusetzen. Das Volk wollten sie zu dem Grundsatz „glauben – gehorchen – kämpfen" erziehen.

1. *Solche Diktaturen gab es mehrere in Europa. Sie werden als „faschistisch" bezeichnet. Über die Herkunft des Wortes informiert der Lückentext. Setze die folgenden Wörter richtig ein: Arm, Gefolgsleute, Gladiatoren, Hemden, Machtsymbol, Rom, Rutenbündel, Wort.*

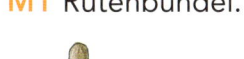

M1 Rutenbündel.

Die _____ des italienischen Führers Mussolini trugen

schwarze _____ und grüßten mit erhobenem, ausgestrecktem

_____ wie einst die _____. Seine Kampf-

gruppen hießen „Fasci", ein _____, das sich vom lateinischen

„fasces" = _____ ableitet. Im alten _____ war das

Rutenbündel ein _____ hoher Beamter.

2. *Unterstreiche die Begriffe, die zur* Demokratie *gehören, grün und die Begriffe, die zum* Faschismus *gehören, braun: Freiheit, Führer, Gehorsam, Kompromiss, Krieg, Offenheit, Ordnung, Toleranz, Terror, Verfassung.*

M2 Mussolini in Rom. Foto, 1930.

3. *Mussolini steht nicht zufällig neben der Statue eines römischen Kaisers. Was soll das Foto M2 ausrücken?*

_____

M4 Schwur der Staatsjugend
„Im Namen Gottes und Italiens schwöre ich, den Befehlen des Duce
(= des Führers) Folge zu leisten und mit all meinen Kräften … der Sache der
faschistischen Revolution zu dienen."

Zit. n. Hermann Stock: Die faschistische Staatsjugend, München 1943, S. 62.

M3 Staatsjugend. Foto, 1932.

4. *Warum kümmerten sich die Faschisten so sehr um die Jugend?*

_____

_____

1924–1929   *ab 1929*   *ab 1929*   *30. Januar 1933*

├─ Goldene 20er-Jahre ─┤ ▶ Weltwirtschaftskrise   ▶ Beginn der Diktatur Stalins über die Sowjetunion   ▶ Errichtung der nationalsozialistischen Diktatur in Deutschland

„Es lebe die Deutsche Republik!"

„Das Alte und Morsche ist zusammengebrochen. Es lebe das Neue! Es lebe die Deutsche Republik!", rief Philipp Scheidemann am 9. November 1918 vom Fenster des Reichstagsgebäudes der Menge zu. Doch was sollte aus Deutschland werden? Alles war möglich: von einer konstitutionellen Monarchie bis zur sozialistischen Räterepublik nach russischem Vorbild.

M1 Berlin, Marsch von Aufständischen zum Berliner Schloss. Foto, 9.11.1918.

1. *Was fällt dir an dieser Demonstration auf?*

_____

_____

2. *Die Männer auf dem Foto tragen rote Fahnen. Fordern die Demonstranten wohl die Wahl zu einer Nationalversammlung oder: Alle Macht den Räten?*

_____

_____

M2 Plakat von Cesar Klein, 1918/1919.

3. *Welche politischen Kräfte haben dieses Plakat herausgebracht?*

_____

_____

Mit einem Aufstand in Berlin versuchten die Kommunisten, die Wahl zur Nationalversammlung zu verhindern. Dennoch fand diese am 19. Januar 1919 statt.

ARBEITER BÜRGER BAUERN SOLDATEN ALLER STÄMME DEUTSCHLANDS VEREINIGT EUCH ZUR NATIONALVERSAMMLUNG

Weimarer Republik

Aus der Wahl zur Nationalversammlung gingen die demokratischen Parteien als klare Sieger hervor. Damit hatte sich Deutschland in der ersten freien Wahl gegen eine Räterepublik ausgesprochen. Die Nationalversammlung tagte in Weimar, weil es in Berlin immer wieder zu Unruhen kam. Sie wählte Friedrich Ebert zum Reichspräsidenten und arbeitete die „Weimarer" Verfassung aus, die am 11. August 1919 in Kraft trat.

1. *Das Schaubild informiert über die Nationalversammlung und die Weimarer Verfassung. Setze die folgenden Wörter richtig ein: Frauen, Demokratie, Friedrich Ebert, Monarchie, Nationalversammlung, Reichspräsidenten, Rosa Luxemburgs, Soldatenräte, Verfassung, Weimar.*

Rat der Volksbeauftragten will ➡ Wahl zur Nationalversammlung ⬅ Arbeiter- und _____ sind dagegen.

2. *Verbinde die Bilder mit den Textstellen im Schaubild durch einen Strich.*

Januar 1919 :
Spartakusaufstand / Ermordung _____

19. Januar 1919 : Wahl zur _____

6. Februar 1919 :
Eröffnung der Nationalversammlung in _____

Erster Reichspräsident: _____

Demokraten erarbeiten die Weimarer _____

Statt _____ parlamentarische _____

Wahlrecht für Männer und _____ .

Weitgehende Rechte des _____ .

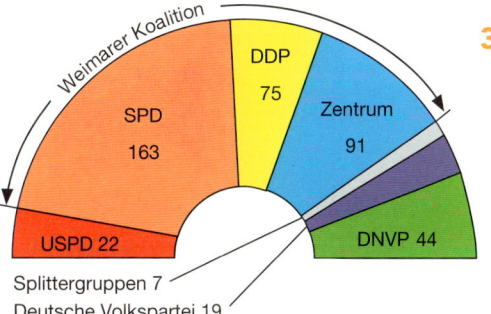

Weimarer Koalition

DDP 75
SPD 163
Zentrum 91
USPD 22
Splittergruppen 7
Deutsche Volkspartei 19
DNVP 44

3. *Warum heißt die erste deutsche Republik „Weimarer Republik"?*

_____

_____

_____

Versailler Friedensschluss

Der Versailler Friedensvertrag, der von den Siegermächten ohne Beteiligung des Verlierers ausge-
handelt worden war, wirkte auf die Deutschen wie ein Schock. Besonders empört war man über
Artikel 231, der Deutschland die alleinige Schuld am Ausbruch des Krieges gab.

M1 Deutsche Gebietsverluste nach dem Ersten
Weltkrieg.

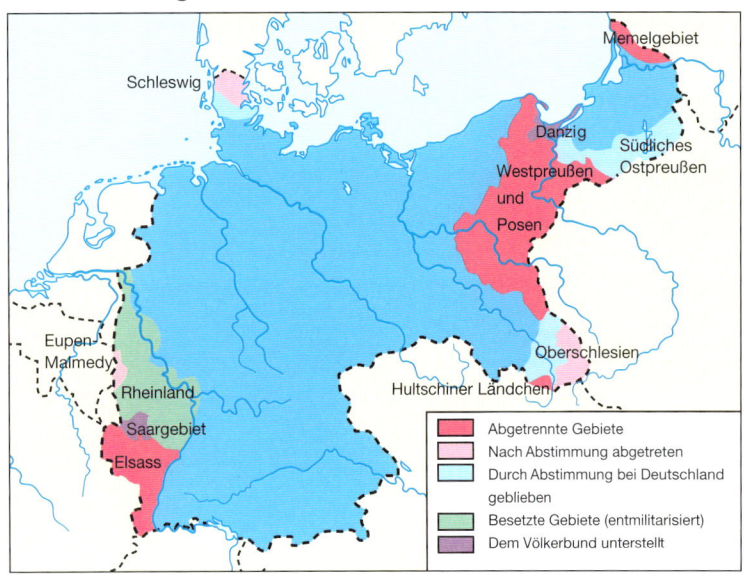

1. Welche Gebiete verlor Deutschland
durch den Friedensvertrag?

_____

_____

_____

_____

_____

2. Finde heraus, was auf dem Schild bei
der Protestkundgebung (M2) steht.

_____

_____

_____

_____

M2 Reichskanzler Scheidemann bei einer Kundgebung
gegen den Gewaltfrieden. Foto, 1919.

3. Urteile über diese Sätze.

_____

_____

_____

_____

4. Warum haben die Siegermächte,
insbesondere Frankreich, einen solch
harten Friedensvertrag durchgesetzt?

_____

_____

_____

_____

Selbstbestimmungsrecht der Völker

Der amerikanische Präsident Wilson setzte sich nach dem Ersten Weltkrieg für das Selbstbestimmungsrecht der Völker ein. Um den Frieden sicherer zu machen, sollten völkische Minderheiten in einem Staat das Recht haben, frei über ihre wirtschaftliche, kulturelle und politische Zukunft zu entscheiden. Die Folge war, dass in Europa mehrere neue Staaten entstanden.

1. Nenne die neuen Staaten, die nach dem Ersten Weltkrieg geschaffen wurden (s. S. 40).

2. Welche Volksgruppen lebten in Polen?

3. Was fällt dir an den neuen Staaten auf (s. M1)?

M1 Nationalitäten in Osteuropa, Grenzen von 1923.

4. Was geschah, wenn es erneut zu Spannungen zwischen den Volksgruppen kam, weil Minderheiten mehr Autonomie forderten (s. M2)?

M2 Die Vertreibung. Jugendbuchillustration.

Dolchstoßlegende

Im Friedensvertrag von Versailles hatte Deutschland große Gebietsverluste und Reparations-
zahlungen hinnehmen müssen. Konservative Kräfte machten dafür die demokratischen Parteien
verantwortlich, obwohl die imperiale Politik zum Ausbruch des Kriegs geführt hatte.

1. *Was erstaunt an Bild M1?*

_____

_____

_____

2. *Friedrich Ebert, der spätere Reichspräsident, be-
grüßte die heimkehrenden Soldaten mit den Wor-
ten: „Kein Feind hat euch überwunden." Was hältst
du von diesem Satz?*

_____

_____

_____

M1 Heimkehrende Soldaten marschie-
ren durch Berlin. Foto, 1918.

M2 Postkarte, um 1923.

M3 Wahlplakat der DNVP, 1924.

3. *Wie erklären M2 und M3 die Niederlage Deutschlands? (Der Mann, der auf M2 hinterrücks das
Messer gegen die Soldaten erhebt, ist der Sozialdemokrat Philipp Scheidemann, s. S. 44).*

_____

_____

4. *Welche politischen Kräfte werden diese „Legende" gern verbreitet haben und warum?*

_____

_____

Ein Volk von Millionären

Wenn ein Staat Banknoten druckt, hinter denen keine Werte stehen, dann kommt es zu einer Inflation (= Geldentwertung). Die Preise steigen.

1. *Was fällt dir zu diesem Geldschein ein, der ursprünglich im Dezember 1922 gedruckt wurde?*

_____

_____

_____

2. *Erkläre das Foto M2.*

_____

_____

_____

3. *1923 besetzten Franzosen und Belgier das Ruhrgebiet. Die Regierung rief zum „passiven Widerstand" auf. Um die Menschen an der Ruhr zu unterstützen, ließ sie immer wieder Banknoten drucken. Erkläre, warum Kriegskosten, Reparationen (= Sachlieferungen an die Siegermächte) und Ruhrkampf die Inflation anheizten.*

_____

_____

_____

_____

4. *Nenne Gewinner und Verlierer der Inflation.*

_____

_____

_____

5. *Wem wurde die Inflation angelastet?* _____

M1 Inflationsgeld, November 1923.

M2 An der Kinokasse. Foto, Herbst 1923.

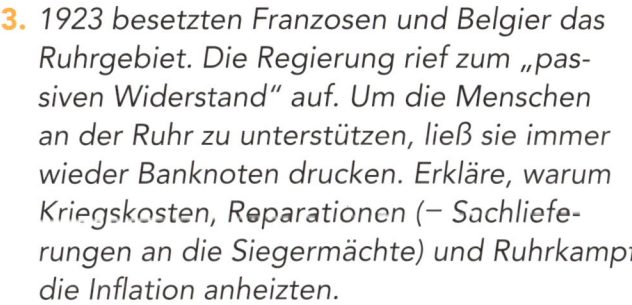

M3 Einmarsch französischer Truppen in Essen. Foto, Januar 1923.

Die „Goldenen Zwanziger" und die moderne Frau

Die Jahre von 1924 bis 1929 waren politisch und wirtschaftlich relativ stabil. Kunst und Wissenschaft blühten. Neue Lebensweisen kamen auf.

1. *Der Lückentext beschreibt einige Seiten der „Goldenen Zwanziger". Setze die folgenden Wörter richtig ein: Berufe, Demokratisierung, Frauen, Jahren, Kaiserreich, Massen, Radio, Röcke, Stadien, Technik, Vergnügungssucht, Waschmaschine, Weltwirtschaftskrise.*

Die _____ der Gesellschaft erleichterte

M1 Foto, um 1924.

es Frauen, sich von ihren traditionellen Aufgaben zu befreien und

neue _____ zu erobern. Selbstbewusst trugen sie den

Bubikopf, kurze _____ und tanzten Charleston. An der

„Befreiung der Frauen" – deren Zahl nicht überschätzt werden

darf – hatte auch die _____ ihren Anteil, denn Staub-

sauger, Bügeleisen und _____ revolutionierten

die Hausarbeit. Der Sport, an dem nun immer mehr Mädchen und

_____ teilnahmen, begeisterte die _____. Hunderttausende schauten sich

in den _____ Fußballspiele an, die man noch im _____ als „undeut-

sche Fußlümmelei" verunglimpft hatte. In den 20er-Jahren trat das _____ sei-

nen Siegeszug an. Innerhalb von zehn _____ erhöhte

M2 Anzeige von Siemens, 1927.

sich die Zahl der Rundfunkgeräte von knapp 10 000 auf über 5,4

Millionen. Die hemmungslose _____ in den

Großstädten während der „Goldenen Zwanziger" endete schlagar-

tig mit der _____.

2. *Warum öffneten sich in der Nachkriegszeit den Frauen neue Berufe?*

_____

_____

_____

... und inzwiſchen
wäſcht der PROTOS

Republik in der Krise

Viele europäische Länder hatten sich während des Krieges hoch verschuldet. Sie nahmen in den 20er-Jahren gern amerikanische Kredite, auch wenn diese meist sehr kurzfristig waren.

1. *Setze die folgenden Wörter richtig in die Übersicht ein: Absatz, Amerikaner, Angst, Arbeit, Auslandsgelder, Europa, Markt, Wirtschaft, Wirtschaftskrise.*

Von der Überproduktion zur Weltwirtschaftskrise

In Amerika blühte die _____. Immer mehr Güter wurden produziert. Die _____ glaubten an ein stetiges Wachstum. Sie kauften – teilweise auf Kredit – Aktien. 1929 war der _____ gesättigt. Der _____ stockte. Fabriken entließen Arbeiter. Aktienbesitzer bekamen _____ und verkauften ihre Wertpapiere. An der Börse brach Panik aus. Die Kurse fielen ins Bodenlose. Millionen von Amerikanern verloren ihre _____. Sie gerieten in Not, da es keine sozialen Gesetze gab. Die USA zogen ihre _____ ab. Die _____ erfasste _____ und weitete sich zur Weltwirtschaftskrise aus.

M1 Fließbandproduktion. Foto, 1915.

2. *Nenne Vor- und Nachteile der Fließbandproduktion.*

_____
_____
_____
_____
_____
_____

M3 Wahlplakat, 1932.

M2 Foto, 1930.

3. *In welchem Zusammenhang stehen M2 und M3 mit der Weltwirtschaftskrise?*

_____
_____
_____
_____
_____

Das kunstseidene Mädchen

M1 Eine Schriftstellerin erzählt:

Und habe mir ein schwarzes, dickes Heft gekauft und ausgeschnittne weiße Tauben draufgeklebt und möchte einen Anfang schreiben: Ich heiße somit Doris und bin getauft und christlich und gebo-
5 ren. Wir leben im Jahre 1931. Morgen schreibe ich mehr.
Ich hatte einen angenehmen Tag, weil der Letzte ist und Geldkriegen einem mit am meisten gut tut, trotzdem ich von 120 – und Therese kriegt 20
10 mehr – 70 abgeben muss, was mein Vater doch nur versäuft, weil er jetzt arbeitslos ist und nichts andres zu tun hat. Aber von meinen 50 Mark hatte ich mir gleich einen Hut mit Feder gekauft – dunkelgrün – das ist jetzt Modefarbe, und steht mir
15 herrlich zu meinem erstklassigen rosa Teint. Und ist schief auf einer Seite zu tragen – kolossal fesch – und ich hatte mir bereits einen dunkelgrünen Mantel machen lassen – streng auf Taille und mit Fuchsbesatz – ein Geschenk von Käsemann,
20 der mich durchaus beinahe heiraten wollte. Aber ich nicht. Weil ich doch auf die Dauer zu schade bin für kleine Dicke, die noch dazu Käsemann heißen. Und nach dem Fuchs hab ich Schluss gemacht. Aber ich bin jetzt komplett in Garderobe –
25 eine große Hauptsache für ein Mädchen, das weiter will und Ehrgeiz hat.
Und nu sitz ich hier in einem Kaffee – Tasse Kaffee kann ich mir heute auf eigne Faust leisten. Die Musik spielt, was ich gern höre: Zigeunerbaron
30 oder Aida – kommt ja nicht so drauf an. Neben mir ein Mann mit einem Mädchen. Er ist was Feineres – aber nicht sehr – und sie hat ein Gesicht wie eine Schildkröte und ist nicht mehr ganz jung und hat einen Busen wie ein Schwimmgürtel. Ich höre
35 immer auf das Gespräch – so was interessiert mich immer, man kann nie wissen, ob man nicht lernt dabei. Natürlich hatte ich den richtigen Blick: eben kennengelernt. (…)
Jetzt muss ich mich aber bass wundern: die
40 Schildkröte isst Camembert. Nun frage ich mich – ist sie so unschuldig oder will sie nicht? Ich bin ein Mensch, der über alles nachdenken muss. Also denke ich: wenn sie nicht will, dann macht sie sich durch Camembertessen sicher vor sich selbst,
45 indem sie sich Hemmungen macht. Und ich entsin-

ne mich, wie ich mit Arthur Grönland das erste Mal ausgehen sollte. Er war bildschön und … ich brauchte eine Armbanduhr, und besser ist, es wenigstens drei Abende zu nichts kommen zu lassen.
50 Aber ich kenne mich doch und wusste, Arthur Grönland bestellt Kupferberg nass – und dabei noch Musik! Ich also an Büstenhalter und Hemd insgesamt sieben rostige Sicherheitsnadeln gesteckt. Ich war mächtig blau – wie achtzig nackte
55 Wilde – aber die rostigen Sicherheitsnadeln vergaß ich nicht. Und Arthur Grönland drängte. Ich nur: „Mein Herr, was denken Sie sich eigentlich von mir? Ich muss doch sehr bitten. Wofür halten Sie mich in etwa?" Und ich habe ihm mächtig impo-
60 niert. Erst war er natürlich wütend, aber dann sagte er mir als edel empfindender Mensch: das gefällt ihm – ein Mädchen, das sich auch im Schwips so fest in der Hand hat. Und er achtete meine hohe Moral.
65 Ich sagte nur ganz schlicht: „Das ist meine Natur, Herr Grönland."
Und vor der Haustür küsste er mir die Hand. Ich sagte nur: „Jetzt weiß ich schon wieder nicht, wie spät es ist – meine Uhr ist schon so lange kaputt."
70 Und dachte, wenn er mir jetzt Geld geben will zum Reparieren, dann habe ich mich wieder einmal schmerzlich getäuscht.
Aber am nächsten Abend in Rix Diele kam er mit einer kleinen Goldenen. Ich staunte furchtbar:
75 „Wie konnten Sie denn nur wissen, dass ich gerade eine Uhr brauche??? – aber Sie beleidigen mich zutiefst – ich kann sie doch nicht annehmen!"
Und er wurde ganz blass, entschuldigte sich und tat die Uhr fort. Ich zitterte schon und dachte:
80 jetzt bist du zu weit gegangen, Doris! Dann sagte ich so mit schwimmender Stimme, so'n bisschen tränenfeucht: „Herr Grönland, ich kann es nicht übers Herz bringen, Sie zu kränken – binden Sie sie mir bitte um."
85 Daraufhin dankte er mir, und ich sagte: „Oh, bitte." Und dann bedrängte er mich wieder, aber ich blieb stark. Und vor der Haustür sagte er: „Du reines, unschuldiges Geschöpf, verzeihe mir, wenn ich aufdringlich war."
90 Ich sagte: „Ich verzeihe Ihnen, Herr Grönland."

(…) Und der Kerl drückt der Schildkröte unterm
Tisch die Hand, und mich guckt er an mit
Stielaugen – so sind die Männer. Und sie haben
gar keine Ahnung, wie man sie mehr durchschaut
95 als sie sich selber. Natürlich könnte ich nun –
eben erzählt er von seinem wunderbaren Motor-
boot auf dem Rhein mit soundsoviel PS – ich
schätze ihn höchstens auf besseres Faltboot. Aber
ich merke genau, wie er laut redet, damit ich's
100 höre – Kunststück! – ich mit meinem schicken,
neuen Hut und dem Mantel mit Fuchs – und dass
ich jetzt anfange, in mein Taubenbuch zu schreiben, macht ohne allen Zweifel einen sehr interes-
santen Eindruck. Aber eben hat mir das Alligator
105 einen freundlichen Blick zugeworfen, und so was
macht mich immer weich, ich denke: du arme
Schildkröte findest doch selten was, und wenn du

auch heute Camembert isst – vielleicht isst du
morgen keinen. Und ich bin viel zu anständig und
110 auf Frauen-bewegung eingestellt, um dir deinen
zweifelhaften Faltbootinhaber mit Glatze abspen-
stig zu machen. Da es eine Kleinigkeit wäre, reizt
es mich ohnehin nicht, und außerdem passt
Wassersportler und Mädchen mit Schwimmgürtel-
115 busen so schön zusammen. Und vom Tisch drüben
guckt immer einer mit fabelhaft markantem
Gesicht und tollem Brillanten am kleinen Finger.
Ein Gesicht wie Conrad Veidt, wie er noch mehr
auf der Höhe war. Meistens steckt hinter solchen
120 Gesichtern nicht viel, aber es interessiert mich.

Zit. n. Irmgard Keun, Das kunstseidene Mädchen, Düsseldorf
(Claasen Verlag) 1979, S. 10–15; Erstveröffentlichung 1932.

1. Wie gefällt dir Doris, eine Schreibkraft, die ihr Glück machen will?

_____

_____

_____

2. Nach der Machtübernahme durch die Nationalsozialisten (1933) wurde „Das kunstscidene Mädchen" als „Asphaltliteratur mit antideutscher Tendenz" verboten. Was hatten die Nationalsozialisten an dem Buch wohl auszusetzen?

M2 _____ .
Foto, Beginn der 20er-Jahre.

_____

_____

_____

_____

3. Suche eine Überschrift für M2.

4. In den 20er-Jahren strömten Frauen in zahlreiche Berufe. Nenne einige.

_____

Demokratie ohne Demokraten

Kunst drückt die Gefühle einer Zeit aus – besonders, wenn der Künstler politisch engagiert ist wie zum Beispiel George Grosz.

1. *Notiere einige Angaben über das Leben von George Grosz.* _____

_____

_____

_____

2. *Auf dem Bild siehst du fünf Personen, die stellvertretend für wichtige Bereiche in einem Staat stehen: Kirche (1), Militär (2), Politik (3), Presse (4) und Rechtsprechung (5). – Übertrage die Zahlen in die Kreise auf dem Gemälde.*

3. *Der Richter scheint nicht viel von der Demokratie zu halten. Er sieht grimmig aus, und auf seiner Krawatte ist ein Hakenkreuz zu sehen, das Symbol einer demokratie-feindlichen Partei. Suche dir eine andere Person aus und charakterisiere sie kurz.*

_____

_____

_____

_____

_____

4. *Was hält wohl George Grosz von den „Stützen" der Weimarer Demokratie, und wie sieht er die Zukunft der Republik?*

_____

_____

_____

_____

M1 „Stützen der Gesellschaft". Gemälde von George Grosz, 1926.

1. Löse das Silbenrätsel. Die Zahl am Ende der Zeile nennt den Buchstaben für das Lösungswort, den du unten in das Kästchen einträgst.

> bahn – band – be – bert – cho – de – Dolch –
> duk – E – fla – Fließ – gen – In – kei –
> le – li – mar – mungs – Mus – ni – on –
> on – pro – recht – sailles – Selbst – slo – so –
> ßen – stim – stoß – Stra – ti – ti – Tsche –
> Ver – wa – Wei

„Für den Sack müssen Sie auch'n Fahrschein lösen!" – „Erlauben Sie mal, das is' das Fahrgeld, das ich Ihnen geben will!". Karikatur aus der Berliner Illustrierten Zeitung Nr. 44, 1923.

Lösungswort:

a	b	c	d	e	f	g	h	i	j

a) Effektives Herstellungsverfahren von Gütern (9) _____

b) Verbreitete Lüge über die Niederlage Deutschlands (11) _____

c) Italienischer Faschist (1) _____

d) Geldentwertung, s. Bild (8) _____

e) Neuer Staat nach dem Ersten Weltkrieg (14) _____

f) Ort des Friedensschlusses 1919 (3) _____

g) Innerstädtisches Verkehrsmittel, s. Bild (4) _____

h) Wilson setzte sich für dieses Völkerrecht ein (6) _____

i) Tagungsort der deutschen Nationalversammlung (3) _____

j) Erster deutscher Reichspräsident (1) _____

Nationalsozialismus und Zweiter Weltkrieg

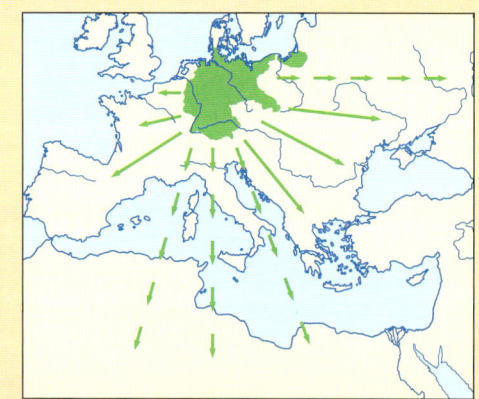

Am 30. Januar 1933 wurde Adolf Hitler zum Reichskanzler ernannt. In kurzer Zeit schaltete er alle Rivalen aus und regierte als „Führer" über Deutschland. Sein Ziel, ein Großdeutsches Reich zu errichten, führte zum Zweiten Weltkrieg, der mit der bedingungslosen Kapitulation 1945 endete. Deutschland lag nach zwölf Jahren nationalsozialistischer Herrschaft in Schutt und Asche.

30. Januar 1933   *27. Februar 1933*   *23. März 1933*   *9. November 1938*

Neueste Zeit

- Ernennung Adolf Hitlers zum Reichskanzler
- Reichstagsbrand
- „Ermächtigungsgesetz"
- Novemberpogrom

Hitler wird Reichskanzler

Mit einem Fackelzug feierten die Nationalsozialisten am 30. Januar 1933 die Ernennung Adolf Hitlers zum Reichskanzler (s. links das Propagandagemälde von Arthur Kampf, 1938). Aber noch war Hitler kein Alleinherrscher, noch musste er die Macht mit starken Konkurrenten teilen.

M1 Wahlplakat der KPD, 1932.

M2 Wahlergebnisse von Reichstagswahlen.

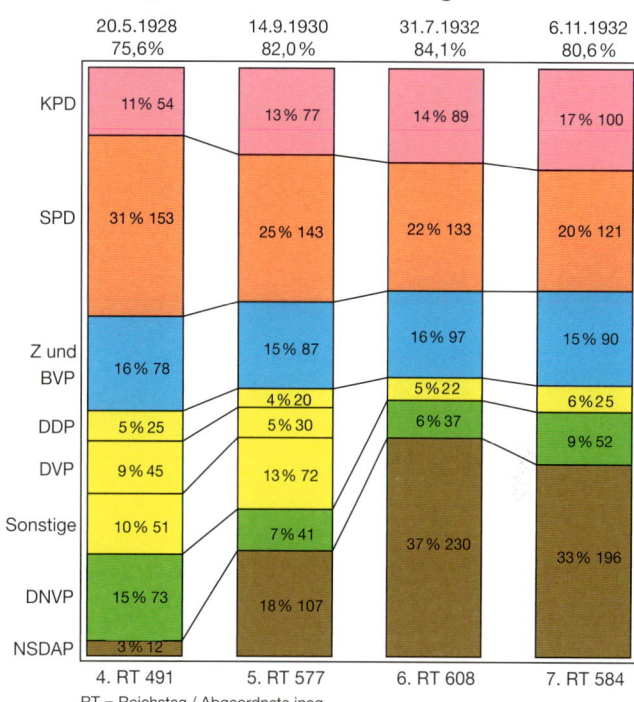

	20.5.1928 75,6%	14.9.1930 82,0%	31.7.1932 84,1%	6.11.1932 80,6%
KPD	11% 54	13% 77	14% 89	17% 100
SPD	31% 153	25% 143	22% 133	20% 121
Z und BVP	16% 78	15% 87	16% 97	15% 90
DDP	5% 25	4% 20	5% 22	6% 25
DVP	9% 45	5% 30	6% 37	9% 52
Sonstige	10% 51	13% 72		
DNVP	15% 73	7% 41	37% 230	33% 196
NSDAP	3% 12	18% 107		
	4. RT 491	5. RT 577	6. RT 608	7. RT 584

RT = Reichstag / Abgeordnete insg.

1. *Interpretiere das Schaubild M2 und weise nach, dass die Weimarer Republik 1932 nicht mehr über genügend Demokraten verfügte (s. M1).*

_____

_____

_____

2. *Hitler wollte die Alleinherrschaft. Setze in die Wörter die fehlenden Buchstaben ein und du erfährst, wer ihn hätte in die Schranken weisen können.*

R	E	I	C	H		R	Ä	S				T
G	E	W		R	K	S	C	H			T
	P	A	R					T
W	E	H		M	A			T
	K	I	R			E

1. September 1939   22. Juni 1941   20. Januar 1942   8./9. Mai 1945

▶ Beginn des Zweiten Weltkriegs   • Deutsche Truppen überfallen die Sowjetunion.   • Wannsee-Konferenz   • Bedingungslose Kapitulation Deutschlands

Alles legal?

Am Abend des 27. Februar 1933 stand plötzlich das Reichstagsgebäude in Flammen. Wer das Feuer gelegt hat, ist bis heute umstritten. Die NS-Führung beschuldigte Funktionäre der KPD, konnte dies jedoch nicht beweisen. Ein junger Holländer wurde dafür zum Tode verurteilt.

M1 Deutsche Comic-Zeichnung, 1993.

1. *Inwiefern wollten Hitler und Göring den Reichstagsbrand für ihre Zwecke nutzen (s. M1)?*

_____

_____

_____

M2 Noch in der Nacht unterzeichnete Reichspräsident Hindenburg die „Verordnung zum Schutz von Volk und Staat": Die verfassungsmäßigen Grundrechte wie die Freiheit der Person, die Meinungs- und Pressefreiheit sowie die Unverletzlichkeit von Eigentum und Wohnung werden bis auf Weiteres aufgehoben. Verdächtige Personen können ohne Anklage, ohne Beweise und Rechtsbeistand willkürlich verhaftet und festgehalten werden.

(Verfassertext)

M3 Konzentrationslager Oranienburg. Foto, 1933.

2. *Was hältst du von dieser Verordnung?*

_____

_____

_____

3. *Im August 1933 wurden bekannte Sozial-demokraten sowie Männer des Rundfunks als Gegner der Nazis inhaftiert, s. M3 – der fünfte von rechts ist der Sohn von Ebert. Waren die Festnahmen legal? Begründe.*

_____

Hitler wird ermächtigt

Die Nationalsozialisten erhielten bei den letzten halbwegs freien Reichstagswahlen 43,9 Prozent der Stimmen (5. März 1933). Mit ihren Koalitionspartnern war die Regierung Hitler nach Jahren die erste, die wieder eine parlamentarische Mehrheit hinter sich hatte. Doch „der Führer" war damit keineswegs zufrieden. Er hatte andere Pläne.

1. *Studiere M1 und schildere, wozu das Parlament die Reichsregierung und damit Hitler ermächtigte. Achte besonders auf Artikel 1 und 2.*

_____

_____

_____

_____

2. *Wie heißt das „Ermächtigungs-gesetz" im Reichsgesetzblatt?*

_____

_____

3. *Welche Partei stimmte als einzige gegen das Gesetz (s. M2)?*

_____

4. *Welches Ziel verfolgte Hitler mit diesem Gesetz (s. S. 57)?*

_____

_____

5. *Warum stimmten die Abgeord-neten für das Gesetz und ent-machteten sich damit selbst?*

_____

_____

M1 Reichsgesetzblatt, 24. März 1933.

Reichsgesetzblatt

Teil I

| 1933 | Ausgegeben zu Berlin, den 24. März 1933 | Nr. 25 |

Inhalt: Gesetz zur Behebung der Not von Volk und Reich. Vom 24. März 1933 .... S. 141

Gesetz zur Behebung der Not von Volk und Reich.
Vom 24. März 1933.

Der Reichstag hat das folgende Gesetz beschlossen, das mit Zustimmung des Reichsrats hiermit verkündet wird, nachdem festgestellt ist, daß die Erfordernisse verfassungändernder Gesetzgebung erfüllt sind:

Artikel 1
Reichsgesetze können außer in dem in der Reichsverfassung vorgesehenen Verfahren auch durch die Reichsregierung beschlossen werden. Dies gilt auch für die in den Artikeln 85 Abs. 2 und 87 der Reichsverfassung bezeichneten Gesetze.

Artikel 2
Die von der Reichsregierung beschlossenen Reichsgesetze können von der Reichsverfassung abweichen, soweit sie nicht die Einrichtung des Reichstags und des Reichsrats als solche zum Gegenstand haben. Die Rechte des Reichspräsidenten bleiben unberührt.

Artikel 3
Die von der Reichsregierung beschlossenen Reichsgesetze werden vom Reichskanzler ausgefertigt und im Reichsgesetzblatt verkündet. Sie treten, soweit sie nichts anderes bestimmen, mit dem auf die Verkündung folgenden Tage in Kraft. Die Artikel 68 bis 77 der Reichsverfassung finden auf die von der Reichsregierung beschlossenen Gesetze keine Anwendung.

Artikel 4
Verträge des Reichs mit fremden Staaten, die sich auf Gegenstände der Reichsgesetzgebung beziehen, bedürfen nicht der Zustimmung der an der Gesetzgebung beteiligten Körperschaften. Die Reichsregierung erläßt die zur Durchführung dieser Verträge erforderlichen Vorschriften.

Artikel 5
Dieses Gesetz tritt mit dem Tage seiner Verkündung in Kraft. Es tritt mit dem 1. April 1937 außer Kraft; es tritt ferner außer Kraft, wenn die gegenwärtige Reichsregierung durch eine andere abgelöst wird.

Berlin, den 24. März 1933.

Der Reichspräsident
von Hindenburg

Der Reichskanzler
Adolf Hitler

Der Reichsminister des Innern
Frick

Der Reichsminister des Auswärtigen
Freiherr von Neurath

Der Reichsminister der Finanzen
Graf Schwerin von Krosigk

M2 NS-Blatt „Völkischer Beobachter", 24. März 1933.

Gewerkschaften werden zerschlagen

Die Nationalsozialisten machten 1933 den 1. Mai zum Feiertag. Sie erfüllten damit eine langjährige Forderung der Arbeiter. Am Tag darauf besetzten sie die Häuser der Gewerkschaften, verhafteten zahlreiche Funktionäre und ersetzten die Interessenvertretung der Lohnempfänger durch die „Deutsche Arbeitsfront" (DAF).

1. *Was zeigt das Foto M1?*

_____

_____

_____

_____

2. *Warum haben sich die Gewerkschaften nicht gewehrt?*

_____

_____

_____

_____

M1 München, Pestalozzistraße. Foto 1933.

3. *Erläutere, was sich am Verhältnis von Arbeit-gebern und Arbeitnehmern ab 1933 grundle-gend veränderte (s. M2).*

_____

_____

_____

_____

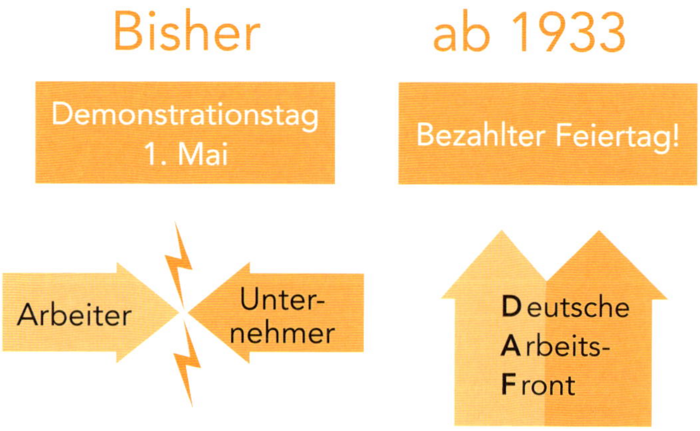

4. *Was hältst du von dieser Veränderung?*

_____

_____

_____

M2 Schaubild zum 1. Mai.

Bisher   ab 1933

Demonstrationstag 1. Mai

Bezahlter Feiertag!

Arbeiter   Unter-nehmer

Deutsche **A**rbeits-**F**ront

Du bist nichts – dein Volk ist alles?

Hitler verfolgte vor allem zwei Ziele. Die Deutschen sollten unter seiner Führung zu einer Volksgemeinschaft werden und im Osten neuen Lebensraum erobern.

1. *Der Lückentext informiert über die Volksgemeinschaft. Setze die folgenden Wörter richtig ein: Anschauungen, Fleisch, Geld, Homosexuelle, Kritiker, Rasse, Volksgemeinschaft, Volksgenossen.*

Zur nationalsozialistischen _____

zählte nur, wer der „arischen Rasse" ange-

hörte und Hitlers _____

bedingungslos unterstützte. Ausgeschlossen

waren also Juden, die der angeblich minder-

wertigen semitischen _____ zugerechnet wurden, „Erbkranke", _____

und Asoziale, außerdem: alle _____ des Nationalsozialismus. Massenveranstaltungen

wie der „Eintopfsonntag", an dem das Volk kein _____ aß und das gesparte

_____ spendete, oder das Winterhilfswerk, das für Not leidende _____

sammelte, vermittelten das Bild einer harmonischen Volksgemeinschaft, in der einer für den anderen eintrat und sich der Einzelne für alle opferte.

M1 Postkarte zum Kampf der NSDAP in Leipzig, 1925–1935.

![Postkarte mit Innenraum und Hakenkreuzfahnen]

2. *Was hältst du von dem Satz auf der Postkarte M1, „Du bist nichts, Dein Volk ist alles!"?*

_____

_____

_____

3. *Warum hat man das Foto M2 mit Hitler (rechts) und Goebbels veröffentlicht?*

_____

_____

_____

M2 Plakat, 1934.

„Das war ein Vorspiel nur …"

Nach Hitlers Ansicht war die nationalsozialistische Volksgemeinschaft eine „Schicksalsgemeinschaft", die sich in einem Überlebenskampf mit anderen Völkern befand. Ihre Stärke bezog sie aus der „Reinheit der Rasse". Deshalb achtete man darauf, dass alles „Artfremde" bzw. „Undeutsche" von ihr ferngehalten wurde, wie beispielsweise der Jazz oder die moderne Kunst.

1. *Wen grenzte die Volksgemeinschaft aus? Schreibe die richtigen Antworten in die Kästchen:*
   Alkoholiker, Alte, Behinderte, Demokraten, Farbige, Intellektuelle, Juden, Kriegsversehrte,
   Zigeuner.

Volksgemeinschaft

2. *Kennst du weitere Gruppen, die ausgegrenzt wurden?* _____

_____

M1 Holzschnitt von Heinz Kiwitz, Paris 1938.

3. *Erkläre, warum für diese Gruppen in der Volksgemeinschaft kein Platz war.*

_____

_____

_____

4. *Im März 1933 kam es zu einer „Aktion wider den undeutschen Geist", die von der deutschen Studentenschaft gesteuert wurde. Was geschah am 10. März 1933 auf dem Berliner Opernplatz und in 21 anderen deutschen Städten (s. M1)?*

_____

_____

_____

Zurück zu Küche und Kindern

Während sich seit Beginn des 20. Jahrhunderts Frauen emanzipierten, versuchten die Nationalsozialisten, das Rad der Geschichte zurückzudrehen.

M1 Die arische Familie. Druck nach einem Gemälde von Wolfgang Willrich.

M2 Hitler über die Rolle der Frau, 1934:
Was der Mann einsetzt an Heldenmut auf dem Schlachtfeld, setzt die Frau ein in ewig geduldiger Hingabe, in ewig geduldigem Leiden und Ertragen. Jedes Kind, das sie zur Welt bringt, ist eine Schlacht, die sie besteht für Sein oder Nichtsein ihres Volkes.

Zit. n. Max Domarus, Hitler. Reden und Proklamationen, Bd. 1, Wiesbaden (Löwit) 1973, S. 450 f.

1. *Wie gefällt dir das Bild M1?*

_____

_____

2. *Was hältst du von Hitlers Ansicht über die Aufgabe der Frau (s. M2)?*

_____

_____

M3 Plakat (Ausschnitt), 1934.

3. *„Die arische Familie": Streiche die unzutreffenden Satzteile durch. Die Buchstaben der richtigen und dann der falschen Antworten ergeben (von oben nach unten) das Lösungswort.*

- *Die arische Familie hatte viele (G) / wenige (S) Kinder.*
- *Die Mutter erzog die Heranwachsenden im christlichen (S) / im nationalsozialistischen (E) Geist.*
- *Aus ihren Söhnen sollten einmal gute Soldaten (N) / liebevolle Familienväter (I) werden,*
- *aus ihren Töchtern tüchtige Mütter (O) / selbstbewusste (N) Frauen.*

Lösungswort:								

4. *Weshalb sollten die Frauen Sport treiben (s. M3)?*

_____

Gehorsam bis in den Tod

„Wer die Jugend hat, hat die Zukunft!" Das wussten auch die Nationalsozialisten. Daher legten sie Wert darauf, die Heranwachsenden in ihrem Sinne zu erziehen. Die Beeinflussung erfolgte durch die Schule, aber mehr noch durch die Hitlerjugend (HJ) und den Bund Deutscher Mädel (BDM). Diesen Nachwuchsorganisationen gehörten fast alle Jugendlichen an.

M1 „Streitwagenrennen". Foto, um 1935.

M2 Hitlerjungen bei einer Geländeübung. Foto, 1937.

M3 Eine Frau erinnert sich an ihre BDM-Zeit:

Nach der Wanderung „wurde ein Lagerfeuer entfacht und ein ordentlicher Kessel Erbsensuppe aufgesetzt. Und dieses alles, dieses Neue, dieses Freie-sich-in-der-Natur-bewegen-Dürfen, ohne Zwang, ohne den strengen Blick des Vaters oder die Sorge der Mutter ..., dieses freie Selbstgestalten, das war es eigentlich, was sehr glücklich machte."

Zit. n. „Glauben und rein sein ...". Mädchen im BDM, WDR-Schulfernsehen 10/94.

M4 Propagandaplakat der Wehrmacht für die HJ.

Offiziere von morgen

1. *Viele denken gern an die HJ bzw. den BDM zurück. Schreibe auf, was ihnen Spaß gemacht hat (s. auch M1 bis M3).*

_____

_____

2. *Aus Spaß wird Ernst! Was erwarteten die Nationalsozialisten von der HJ (s. M4)?*

_____

_____

Bring Opfer für dein Volk!

Im Juli 1933 wurde das „Gesetz zur Verhütung erbkranken Nachwuchses" verkündet. Über 350 000 „Schwachsinnige" (wozu auch politische Gegner zählten), psychisch Kranke, Epileptiker, Blinde, Taube, Alkoholiker, geistig Behinderte u. a. wurden sterilisiert oder während des Krieges umgebracht.

M1 Plakat, um 1938.

1. *Zu welchem Zweck wurde das Plakat M1 veröffentlicht?*

_____

_____

_____

2. *Was schockiert an dem Flugblatt M2?*

_____

_____

_____

M2 Flugblatt des Reichsverbands der evangelischen Taubstummen-Seelsorger Deutschlands, 1933/1934:

Ein Wort an die erbkranken evangelischen Taubstummen
Die Obrigkeit hat befohlen: Wer erbkrank ist, soll in Zukunft keine Kinder mehr bekommen. Denn unser deutsches Vaterland braucht gesunde und tüchtige Menschen. Viele Menschen haben von Geburt an ein schweres Gebrechen oder Leiden. Die einen haben keine gesunden Hände, Arme oder Füße. Die anderen sind am Geiste so schwach, dass sie die Schule nicht besuchen konnten. Wieder andere sind blind. – Und Du selbst, lieber Freund, leidest an Taubheit. Wie schwer ist das doch! Du bist oft traurig darüber. Du hast wohl oft gefragt: „Warum muss ich taub sein?" Und wie traurig sind wohl auch Deine Eltern gewesen, als sie merkten, dass Du nicht hören konntest! (…) Sieh, da will die Obrigkeit Dir helfen. Sie will Dich bewahren vor Vererbung Deines Gebrechens. Aber, sagst Du, unangenehm, sehr unangenehm ist das doch. Denn die Menschen klatschen darüber, wenn ich unfruchtbar gemacht bin. Sie verachten mich. – Nein, so musst Du nicht denken. Die Obrigkeit hat befohlen: Niemand darf über die Unfruchtbarmachung sprechen. Du selbst auch nicht. Merke wohl: Du darfst zu keinem Menschen darüber sprechen! Auch deine Angehörigen nicht! Und der Arzt, der Richter, sie alle müssen darüber schweigen!

Gehorche der Obrigkeit! Gehorche ihr auch, wenn es Dir schwer wird! Denke an die Zukunft Deines Volkes und bringe ihr dieses Opfer, das von Dir gefordert wird! Vertraue auf Gott und vergiss nicht das Bibelwort: „Wir wissen, dass denen, die Gott lieben, alle Dinge zum Besten dienen."

Zit. n. Ernst Klee, Die SA Jesu Christi. Die Kirchen im Banne Hitlers, Frankfurt (Fischer) 1989, S. 89.

3. *Warum haben die Nationalsozialisten solche Aktionen durchgeführt?*

_____

_____

Die Kunst der Propaganda …

Bereits im März 1933 hatten die Nationalsozialisten das „Ministerium für Volksaufklärung und Propaganda" geschaffen, um – wie es sein Leiter Joseph Goebbels ausdrückte –, „die Menschen so lange (zu) bearbeiten, bis sie uns verfallen sind".

M1 Propagandaplakat, 1936.   **M2** Hitler auf dem Reichsparteitag in Nürnberg.

1. *Über die Propaganda der Nationalsozialisten informiert der Lückentext. Setze die folgenden Wörter richtig ein: Hitlers, Parolen, Propaganda, Rundfunk.*

   Die _____ der Nationalsozialisten war meisterhaft. Sie beschränkte sich auf

   einfache Schlagworte und _____, die ständig wiederholt wurden. Presse, Film,

   _____, Massenaufmärsche, Gedenkfeiern und Plakate dienten dazu, die

   Menschen für _____ Weltanschauung zu gewinnen.

M3 Postkarte, 1938.

13·MÄRZ·1938
EIN VOLK·EIN REICH
EIN FÜHRER

2. *Weshalb hielten die Nationalsozialisten gern Massenveranstaltungen ab (s. M2)?*

   _____

   _____

3. *Warum sorgten die Nazis dafür, dass mit dem „Volksempfänger" ein billiges Rundfunkgerät angeboten wurde?*

   _____

   _____

4. *Auf welches Ereignis bezieht sich die Propagandapostkarte M3?*

   _____

Aufschwung ... in den Krieg

Mit Hitler begann in Deutschland ein wirtschaftlicher Aufschwung, der rasch zur Vollbeschäftigung führte. Ein Wunder? Nein! Erstens erholte sich die Wirtschaft weltweit und zweitens kurbelten die Nationalsozialisten mit einer beispiellosen Aufrüstung die Konjunktur an.

1. *Wieso sorgte die Wiedereinführung der Wehrpflicht ebenfalls für eine Entlastung auf dem Arbeitsmarkt?*

_____

_____

2. *Deute das Foto M1.* _____

_____

3. *Was sagt das Schaubild M2 aus?*

_____

_____

_____

M1 Rekrut und Offizier. Foto, 1938.

M2 Öffentliche Ausgaben im Deutschen Reich.

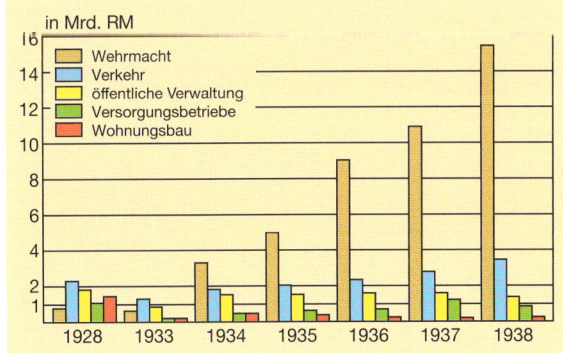

M3 Panzermontage in einem deutschen Werk.

4. *Seit 1934 steigen die öffentlichen Ausgaben rasant. Welche Frage drängt sich auf?*

_____

_____

_____

5. *Warum blieben die Löhne – trotz Vollbeschäftigung – 1939 unter denen von 1929?*

_____

_____

6. *Welche Gedanken kommen dir, wenn du das Foto M3 betrachtest?*

_____

_____

Ehe verboten!

Die Rassenlehre verstärkte den jahrhundertealten Antisemitismus. Schon bald nach der Macht-übernahme beschloss die NS-Regierung Rassengesetze. Eheschließungen sowie Geschlechts-verkehr zwischen Juden und „Ariern" wurden mit Zuchthaus oder Gefängnis bestraft.

M1 Plakat „Nürnber-ger Blutschutz-gesetze", 1935.

Erläuterungen zum Plakat: blau = arisch und rot = jüdisch. Dreimal heißt es „Ehe verboten" und zweimal „Ehe genehmigungspflichtig".

M2 Öffentliche Diskriminierung eines Paares. Foto.

1. *Ein anderes Wort für Antisemitismus:* _____

2. *Wo und wann wurden die „Rassengesetze" beschlossen?* _____

3. *Was ist ein „Halbjude" und was ein „Vierteljude"?* _____

   _____

4. *Für kluge Köpfe: Offensichtlich ist dem Zeichner einmal bei „Ehe verboten" ein Fehler unterlau-fen. Wo? Gib eine kurze Begründung.*

   _____

   _____

5. *Fand die öffentliche Demütigung (M2) wohl vor oder nach der Verkündung der „Rassenge-setze" statt?*

   _____

   _____

Erniedrigt und entrechtet

Nach 1933 häuften sich antisemitische Übergriffe. Juden wurden schikaniert, gedemütigt, ausgeraubt, in „Schutzhaft" genommen.

M1 In Essen brennt die Synagoge. Foto.

M2 Boykott jüdischer Geschäfte. Foto.

M3 Himmler verfügt die Schließung eines jüdischen Geschäfts.

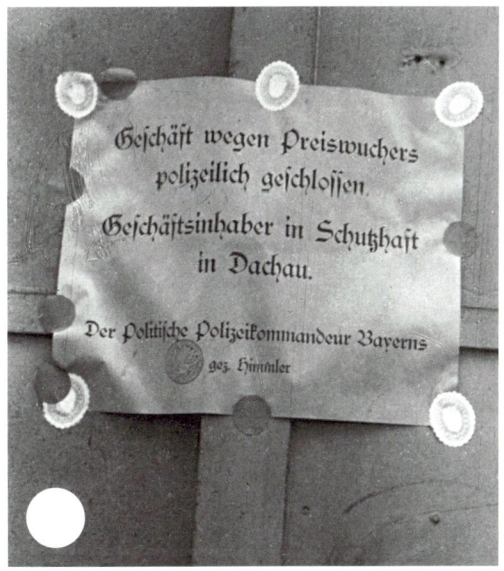

M4 Deutscher Jude mit gelbem Stern.

1. *Versuche, die Bilder zeitlich zu ordnen, indem du die Ziffern von 1 bis 4 in die Kreise schreibst. Begründe deine Entscheidung.*

   _____

   _____

   _____

   _____

2. *Wähle ein Foto aus und notiere dazu deine Gedanken.*

_____

_____

_____

3. *Warum haben nur wenige Deutsche den Juden beigestanden?*

_____

_____

Hitler entfesselt den Zweiten Weltkrieg

Hitler betonte immer wieder seinen Friedenswillen, dennoch bereitete er seit seinem Amtsantritt einen Krieg vor, um „Lebensraum im Osten" zu erobern. Nachdem er mit Stalin im August 1939 einen Nichtangriffspakt abgeschlossen hatte, überfiel er am 1. September 1939 Polen, dessen Unabhängigkeit England und Frankreich garantiert hatten, und löste den Zweiten Weltkrieg aus.

1. *Wieso überraschte der Nichtangriffspakt zwischen Deutschland und der Sowjetunion die Weltöffentlichkeit (s. M1)?*

_____

_____

2. *Was versprachen sich Hitler und Stalin von dem Abkommen?*

_____

_____

_____

3. *Über Deutschlands Anfangserfolge im Krieg informiert der folgende Text. Ergänze die Ländernamen.*

M1 Polen liegt am Boden. Englische Karikatur von D. Low, 1939.

Am 1. September 1939 beginnt der deutsche Angriff auf P|_|_|_|_|N|. Nach drei Wochen

ist das Land besiegt. Im April 1940 besetzen deutsche Truppen D|_|_|_|_|_|_|_|K|

und N|_|_|_|_|_|_|_|_|N|. Kurz darauf werden die neutralen Länder B|_|_|_|_|_|_|N|,

H|_|_|_|_|D| und L|_|_|_|_|_|_|_|_|G| überrannt.

F|_|_|_|_|_|_|_|H| kapituliert nach sechs Wochen („Blitzkriege"). Geblendet

von Hitlers Erfolg, tritt I|_|_|_|_|_|_|N| an der Seite Deutschlands in den Krieg ein.

Später folgen U|_|_|_|_|N|, R|_|_|_|_|_|_|N|, die S|_|_|_|_|_|_|I|

und B|_|_|_|_|_|_|N|. Der deutsche Balkanfeldzug endet 1941 mit Siegen über

J|_|_|_|_|_|_|N| und G|_|_|_|_|_|_|_|_|_|_|D|. Ein deutsches

Heer setzt nach Nordafrika über. Am 22. Juni 1941 erfolgt der Angriff auf die

S|_|_|_|_|_|_|_|_|N|. In wenigen Monaten sind weite Teile Russlands erobert.

M2 Deutscher Machtbereich, Jahreswende 1942/1943.

4. Male Deutschland dunkelblau, seine angegliederten Gebiete violett, seine Verbündeten hellblau und die eroberten Gebiete rot.

5. Was meinst du, worauf sind die deutschen „Blitzsiege" hauptsächlich zurückzuführen: Auf
- den Heldenmut der deutschen Soldaten;
- die neue Taktik (mit Panzerverbänden tief in Feindesland vorzustoßen);
- die bessere Ausrüstung der deutschen Truppen (moderne Waffen)?

Begründe deine Meinung. Vielleicht fallen dir weitere Argumente ein.

_____

_____

_____

_____

_____

M3 Vor einem Radiogeschäft. Foto, 1. September 1939.

6. Versuche, das Foto M3 zu deuten.

_____

_____

_____

_____

7. Wie verhalten sich die Leute auf dem Foto M3?

_____

_____

_____

Vernichtungskrieg im Osten

Hitler wollte in seinem Kampf um neuen „Lebensraum im Osten" die slawischen Völker („Untermenschen") nicht nur besiegen, sondern versklaven oder vernichten. Deshalb wurde der Krieg mit unerhörter Brutalität geführt.

M1 Deutsche Infanterie marschiert durch ein brennendes russisches Dorf bei Smolensk. Foto, 1941.

1. *Der Lückentext informiert über den Russlandfeldzug. Setze die folgenden Wörter richtig ein: Großteil, Partisanengruppen, Sonderkommandos, Stalin, Truppen, Zivilbevölkerung.*

   Am 22. Juni 1941 überfielen deutsche _____ die Sowjetunion. In gewaltigen Kessel-

   schlachten zerstörten sie einen _____ russischer Verbände. Oftmals wurden sie als

   Befreier begrüßt. Zu rücksichtslos hatte _____ die Industrialisierung und Kollektivierung

   vorangetrieben. Als aber deutsche _____ brutal gegen die _____

   _____ vorgingen, bildeten sich _____, die gegen die deut-

   schen Besatzer kämpften. – Rund 25 Millionen Russen verloren im Zweiten Weltkrieg ihr Leben.

2. *Warum haben die Nazis nur selten mit den von Stalin unterdrückten Völkern zusammen-gearbeitet?*

   _____

   _____

Totaler Krieg

Hitler meinte zu Rüstungsminister Speer, das deutsche Volk habe sich als das schwächere erwiesen und nichts Besseres als den Untergang verdient. Nach seiner Auffassung gab es nur eines: „Siegen oder sterben"; eine Verständigung schloss er – außer aus taktischen Erwägungen – aus. Um den Gegner niederzuringen, waren alle Mittel erlaubt und kein Opfer zu groß.

1. *Löse das Rätsel zum Zweiten Weltkrieg. Die Buchstaben im gelben Feld ergeben von oben nach unten das Lösungswort. a) Teil der Streitkräfte; b) Deutschlands Verbündeter; c) faschistischer Diktator; d) Kampffahrzeug; e) letztes Aufgebot; f) Verbündete, Gegner Deutschlands; g) Schutzraum; h) heiß umkämpfte Stadt an der Wolga.*

a) L U T F E
b) I T N
c) L E R
d) P A R
e) V O L M
f) A L L T E
g) B U
h) S T A D

M3 Russland im Winter. Foto, 1941/42.

M1 Lagebesprechung. Foto, März 1945.

M2 Bombenabwurf. Foto, 1942.

M4 Plakat, Anfang 1945.

Um Freiheit und Leben

Volkssturm

2. *Die Bilder beziehen sich auf die Fragen. Schreibe den richtigen Buchstaben in die Kästchen.*

Massenmord an den Juden

Während des Krieges begannen die Nationalsozialisten mit der „Endlösung" der Judenfrage, das heißt mit der systematischen Ermordung von nahezu sechs Millionen Menschen. Dieser Völkermord wird auch „Holocaust" oder hebräisch „Shoa" genannt.

M1 Ankunft an der Rampe im Konzentrationslager Auschwitz-Birkenau. Foto, 1944.

1. *Warum haben die Deutschen ihren jüdischen Nachbarn nicht geholfen? Bewerte die folgenden Antworten von 1 (sehr unwahrscheinlich) bis 10 (zutreffend) in den Kästchen. Sprecht in der Klasse über eure Bewertungen.*

   a) Die Nazis haben die Aktionen gegen die Juden so geschickt durchgeführt, dass kaum ein Deutscher davon etwas mitbekam.
   b) Viele Deutsche waren Antisemiten und „Hitlers willige Vollstrecker".
   c) Durch die ständige Propaganda wurden die Deutschen zu Antisemiten.
   d) Die Deutschen hatten – besonders während des Krieges – ihre eigenen Probleme. Deshalb kümmerte sie das Schicksal der Juden nur am Rande.
   e) Die Deutschen hätten den Juden gern geholfen, aber sie hatten Angst, dafür bestraft zu werden.
   f) Viele gönnten den Juden eine „Abreibung", aber den Holocaust haben sie nicht gewollt.

2. *Wie heißt deine Antwort auf Frage 1?* _____

_____

Widerstand

Nur wenige hatten den Mut, sich den Nationalsozialisten offen zu widersetzen. Dafür regte sich – besonders während des Krieges – heimlicher Widerstand in Form von: sich nicht anpassen, sich verweigern, Witze über die „braunen Bonzen" erzählen.

1. *Weit verbreitet war das Gedicht „Zehn kleine Meckerlein" (ursprünglich: „Zehn kleine Negerlein"). Verbinde die Strophenteile links mit den zugehörigen Verszeilen rechts.*

M1 Zehn kleine Meckerlein.

Zehn kleine Meckerlein,
die saßen mal beim Wein.

Neun kleine Meckerlein,
die haben was gedacht.

Acht kleine Meckerlein,
die haben was geschrieben.

Sieben kleine Meckerlein,
die malten einen Klecks.

Sechs kleine Meckerlein,
trafen einen Pimpf.

Fünf kleine Meckerlein,
die spielten einst Klavier.

Vier kleine Meckerlein,
die sprachen über Ley.

Drei kleine Meckerlein,
die hörten Radio.

Zwei kleine Meckerlein, die
glaubten, es hört sie keiner.

Ein kleines Meckerlein,
ließ dies Liedchen sehn.

Der eine sagte „Hermanns Bauch",
da waren's nur noch sechs.

Bei einem fand man's Manuskript,
da waren's nur noch sieben.

Der eine wusst' von Goebbels was,
da waren's nur noch neun.

Der eine sagte „immer blau",
da waren's nur noch drei.

Da kam er nach Oranienburg,
da waren's wieder zehn.

Der eine hat zu viel gedreht,
da waren's nur noch zwo.

Der eine hat 'nen Witz erzählt,
da war es nur noch einer.

Der eine hat es laut gedacht,
da waren's nur noch acht.

Der eine spielte Mendelssohn,
da waren's nur noch vier.

Der eine sagte „Lausebalg",
da waren's nur noch fünf.

2. *Liste mithilfe von M1 auf, was im Dritten Reich alles verboten war, indem du den folgenden Satz fortsetzt: Im Dritten Reich war es verboten, über Parteigrößen herzuziehen;*

_____

_____

_____

_____

_____

_____

_____

_____

_____

_____

IM NAMEN DES DEUTSCHEN VOLKES !

In der Strafsache gegen Frau Ehrengard F r a n k - S c h u l t z geborene Besser aus Berlin-Wilmersdorf, geboren am 23. März 1885 in Magdeburg, zur Zeit in dieser Sache in gerichtlicher Untersuchungshaft, wegen Wehrkraftzersetzung, hat der Volksgerichtshof, 1. Senat, auf die am 2.November 1944 eingegangene Anklage des Herrn Oberreichsanwalts, in der Hauptverhandlung vom 6. November 1944, an welcher teilgenommen haben

als Richter:

Präsident des Volksgerichtshofs Dr.Freisler, Vorsitzer,
Landgerichtsdirektor Stier,
-Brigadeführer Generalmajor der Waffen- Tscharmann,
SA-Brigadeführer Hauer,
Stadtrat Kaiser,

als Vertreter des Oberreichsanwalts:
Erster Staatsanwalt Jaager,

für Recht erkannt:

Frau F r a n k - S c h u l t z bedauerte einer Rote-Kreuz-Schwester gegenüber, daß der Mordanschlag auf unseren Führer mißglückte und erfrechte sich zu der Behauptung, einige Jahre unter angelsächsischer Herrschaft seien besser als " die gegenwärtige Gewaltherrschaft".

Sie hat also gemeinsame Sache mit den Verrätern vom 20. Juli gemacht.

Dadurch ist sie für immer ehrlos geworden. Sie wird mit dem T o d e bestraft.

Gründe

3. *Welcher Mordanschlag ist in M2 gemeint?*

_____

_____

M2 Urteil des Volksgerichtshofs, 1944.

Das BDM-Mädchen und der jüdische Arzt

In Kinderbüchern des Dritten Reiches erfahren schon die Kleinen, dass die Juden böse Menschen sind, vor denen sie sich in Acht nehmen müssen. Besonders berüchtigt war das Buch „Der Giftpilz" des ehemaligen Lehrers Ernst Hiemer. Es erschien 1938 im nationalsozialistischen Stürmer-Verlag und wurde im ersten Jahr 60 000-mal verkauft.

M1 Auszug aus dem Kinderbuch „Der Giftpilz", 1938:

Inge ist krank. Seit einigen Tagen hatte sie leichtes Fieber und Kopfschmerzen. Aber Inge wollte nicht zum Doktor gehen. „Wieso zum Doktor gehen wegen solch eine Kleinigkeit?", sagte sie im-
5 mer wieder, wenn ihre Mutter das vorschlug. Schlussendlich bestand die Mutter drauf. „Mensch! Geh zum Doktor Bernstein und lass dich von ihm untersuchen!", befahl die Mutter.
„Warum Doktor Bernstein? Er ist ein Jud! Und kein
10 richtiges deutsches Mädchen geht zu einem Juden", wendet Inge ein.
Ihre Mutter lachte. „Red' keinen Unsinn! Jüdische Ärzte sind in Ordnung. Die erzählen immer solch einen Blödsinn bei deinen BDM-Treffen.
15 Was wissen denn die Mädchen schon darüber?" Inge protestierte. „Mutter, du kannst sagen was du willst, aber darfst den BDM nicht verleumden! Du solltest wissen, dass wir Mädel vom BDM die Judenfrage besser verstehen als viele von unseren
20 Eltern. Unsere Führerinnen haben mit uns jede Woche ein kurzes Gespräch über die Juden. Sie wiederholen: „Ein Deutscher darf nicht zu einem jüdischen Arzt. Schon gar nicht ein deutsches Mädchen! Denn die Juden wollen uns Deutsche
25 vernichten. Viele deutsche Mädchen gingen zu jüdischen Ärzten für Heilung und bekamen dafür Krankheit und Schande!" Das ist das, was unsere Jung-Führerin sagt, Mutter. Und sie hat recht!"
Ihre Mutter wurde ungeduldig. „Du glaubst immer,
30 dass du klüger bist als die Erwachsenen. Was du sagst, ist nicht wahr. Schau Inge, ich kenne den Doktor Bernstein gut. Er ist ein guter Arzt."
„Aber er ist ein Jud! Und die Juden sind unsere Todfeinde", antwortet Inge.
35 Jetzt wurde ihre Mutter richtig böse. „Das ist genug, du ungezogene Göre! Geh zum Doktor Bernstein sofort! Wenn nicht, werde ich dir lernen, mir zu gehorchen!", schrie die Mutter und hob ihre Hand.
40 Inge wollte nicht ungehorsam sein, und so ging

M2 Illustration aus „Der Giftpilz".

sie. Sie ging zu dem jüdischen Arzt Doktor Bernstein!
Inge sitzt im Wartezimmer des jüdischen Arztes. Sie musste eine lange Zeit warten. Sie blätterte in
45 den Magazinen, die auf dem Tisch liegen. Aber sie ist viel zu nervös, um mehr als ein paar Sätze zu lesen ...
Wie Inge in das Wartezimmer kam, hatte sie eine seltsame Erfahrung gemacht. Vom Behandlungs-
50 raum des Doktors kamen Schreie. Sie hörte die Stimme eines Mädchen: „Doktor! Doktor! Lass mich in Ruhe!" Dann vernahm sie das spöttische Lachen eines Mannes. Dann war es plötzlich still. Atemlos horchte Inge. „Was hat das zu bedeu-
55 ten?!", fragte sie sich, und ihr Herz schlug schneller. Einmal mehr fielen ihr die Warnungen ihrer Bund-deutscher-Mädel-Führerin ein.
Inge wartet nun schon seit einer Stunde ... Dann öffnet sich die Tür. Inge schaut auf. Der Jud er-
60 scheint.
Ein Schrei kommt aus Inges Mund. Im Schrecken lässt sie die Zeitung fallen. Panisch springt sie

auf. Ihre Augen starren in das Gesicht des jüdischen Doktors. Und dies ist das Gesicht des
65 Teufels. In der Mitte des teuflischen Gesichts sitzt
eine stark gekrümmte Nase. Hinter der Brille starren zwei kriminelle Augen. Und ein Grinsen geht
über die vorstehenden Lippen. Ein Grinsen, das
sagen will: „Jetzt hab ich dich endlich, kleines
70 deutsches Mädchen!"
Der Jud kommt näher. Seine fetten Finger greifen
nach ihr. Aber Inge hat sich vom ersten Schock
wieder gefangen. Bevor der Jude sie packen kann,
schlägt sie dem Judendoktor in das Gesicht. Dann
75 ein Sprung zur Tür. Atemlos rennt Inge die Stiege
runter. Atemlos stürmt sie aus dem Judenhaus.
„Um Gottes Willen, Inge! Was ist passiert?" Es
dauert lange, bis das Kind irgendetwas sagen
kann. Schließlich erzählt Inge von ihrem Erlebnis
80 mit dem Judendoktor. Ihre Mutter hört mit
Schrecken zu. Und als Inge ihre Geschichte fertig
erzählt hat, senkt die Mutter ihren Kopf vor
Scham.
„Inge, ich hätte dich nie zu einem jüdischen Arzt
85 schicken sollen … Aber alles ging noch gut aus,

Gott sei dank!" Ihre Mutter seufzt und versucht,
ihre Tränen zurückzuhalten.
Allmählich beruhigt sich Inge. Sie lacht wieder.
„Mutter, du hast zu viel für mich getan. Ich danke
90 dir, aber eins musst du mir versprechen: wegen
dem BDM …"
Ihre Mutter lässt sie nicht ausreden. „Ich weiß,
was du sagen willst, Inge. Ich versprech's. Ich finde, man kann viel lernen von euch Kindern." Inge
95 nickt. „Du hast recht, Mutter. Wir vom BDM, wir
wissen, was wir wollen, auch wenn wir nicht immer verstanden werden. Mutter, du hast mir viele
Sprüche gelernt. Heute will ich dir einen lernen."
Und langsam und bedeutungsvoll sagte Inge:
100 Der Teufel war's mit böser Hand,
der den Juden sandte in deutsches Land.
Wie ein Teufel er begehr'
die deutschen Frauen, deutsche Ehr'.
Die deutschen Leute, sie wollen nicht begreifen,
105 es sei denn, die Einsicht wird sie erreichen.
Um die Deutschen zu heilen, sie zu gesunden,
kann nur ein deutsches Mittel gefunden.

1. *Welche Gedanken kommen dir, wenn du diese
Geschichte liest und die Illustrationen M2 und M3
betrachtest?*

_____

_____

_____

_____

_____

2. *Wie deutest du die zwei letzten Zeilen des Gedichts?*

_____

_____

_____

_____

_____

M3 Illustration aus „Der Giftpilz".

„Hier, Kleiner, hast du etwas ganz Süßes! Aber dafür müsst ihr beide mit mir gehen …"

Kriegsende

Am 30. April 1945 begingen Hitler und seine Lebensgefährtin Eva Braun Selbstmord. Am 8. Mai kapitulierte die deutsche Wehrmacht. Der Krieg war aus. Millionen Menschen hatten ihr Leben verloren. Deutschland lag in Schutt und Asche.

M1 Irgendwo in Berlin. Foto, April 1945.

1. *Woran denkst du, wenn du das Foto M1 siehst und die Sätze aus Hitlers Testament (M2) liest?*

_____

_____

_____

_____

_____

2. *Klassengespräch: Wehret den Anfängen. So etwas darf sich nie wiederholen.*

M2 Aus Hitlers politischem Testament, April 1945:
Es ist unwahr, dass ich oder irgendjemand anderer in Deutschland den Krieg im Jahre 1939 gewollt habe. (...)
Vor allem verpflichte ich die Führung der Nation und die Gefolgschaft zur peinlichen Einhaltung der Rassegesetze und zum unbarmherzigen Widerstand gegen den Weltvergifter aller Völker, das internationale Judentum.

Zit. n. Werner Maser, Hitlers Briefe und Notizen, Düsseldorf (Econ) 1973.

1. *Löse das Silbenrätsel. Die Zahl am Ende der Zeile nennt den Buchstaben für das Lösungswort, den du unten in das Kästchen einträgst.*

An – Dä – emp – End –
Er – fän – ge – ge – gend –
ger – grom – gungs – Hit –
ju – ler – lö – macht – mäch –
mark – mein – mi – mus –
ne – nen – Par – Po – sa –
se – schaft – setz – sung –
ti – ti – ti – tis – Volks –
Volks – Wehr

Lösungswort:

a	b	c	d	e	f	g	h	i	j

a) *Deutsche Streitkräfte (1)* _____

b) *Ideal der Nationalsozialisten (10)* _____

c) *Ermordung der Juden in der Nazi-Sprache (3)* _____

d) *Preisgünstiges Radiogerät (6)* _____

e) *Ausschreitung gegen Juden, s. Bild (4)* _____

f) *Judenfeindschaft (5)* _____

g) *Selbstaufgabe des dt. Parlaments (März 1933) (7)* _____

h) *Neutrales Land im Zweiten Weltkrieg (6)* _____

i) *Widerstandskämpfer, s. Bild (8)* _____

j) *Nachwuchsorganisation im Dritten Reich (12)* _____

Bildquellen

Archiv für Kunst und Geschichte 8(1), 14, 20, 24, 25(1), 26(2), 28, 31(1), 33(2), 41(o.), 45(u.), 50(1), 54 Estate of George Grosz, Princeton, N.J./VG Bild-Kunst, Bonn 2015, 55(u.), 56, 67(3), 73(2)

Bayerisches Armeemuseum, Ingolstadt 34(2)

Berliner Illustrierte Zeitung (1923) 55(o.)

Bildarchiv Preußischer Kulturbesitz 4, 12(1), 17, 18(1), 19(3), 31(3), 38(2), 46(2), 51(2), 59(2), 61(2), 63(1), 64(1), 69(3), 71(3) (Carl Weinrother), 74

Bridgeman Berlin 25(2)

Bundesarchiv, Koblenz 78 (Bild 183-R0705-318)

Cornelsen Archiv, Berlin 39(2)

DB Museum Nürnberg 8(2)

Deutsches Historisches Museum, Berlin 44(2) VG Bild-Kunst, Bonn 2015, 49(2, 3), 61(1), 63(3), 64(4), 65(1), 66(3), 67(1) (G. Gronefeld), 68(1), 69(2), 72, 73(4), 76, 77

DIZ München GmbH, Bilderdienst 43(2), 44(1), 53(2), 58(3), 68(2)

dpa 35

fhb – freies Historikerbüro, Bernd Kockerols, Bergisch-Gladbach 13(1, 2)

Heinemann Educational, Oxford 5

Historisches Archiv der Friedrich Krupp GmbH, Essen 18(2)

Imperial War Museum, London 37 (Bild Nr. Q3990; Fotograf: J.W. Brooke (Lt)

Langewiesche-Brandt, Ebenhausen 48(3), 51(3), 57(1), 66(1)

Museum für Kunst und Gewerbe Hamburg 62(o.)

Reiss-Engelhorn-Museum, Kunst- und Stadtgeschichtliche Sammlungen Mannheim: RMN, Paris 27(1)

RIA Nowosti 39(1) VG Bild-Kunst, Bonn 2015

Sammlung Wolfgang Haney Berlin 48(2)

Shutterstock, New York Umschlagfoto (Einklinker) (Fotograf: Greenland)

Staatsarchiv Bremen 27(2, 3)

Stadtarchiv München 60(1)

Stadtbildstelle Essen 69(1)

The Picture Desk, London 40(3)

Ullsteinbild Berlin Umschlagfoto (Hintergrund), 10(1) (Archiv Gerstenberg), 11(2), 29(1), 45(o., M.), 50(2), 51(1) (Archiv Gerstenberg), 69(4), 73(1, 3)

Übernahmen aus:

Afrika: Texte, Dokumente, Bilder. Hg. von den Berliner Festspielen Horizonte, 2. Aufl. 1980, Peter Hammer Verlag: 30(1)

Alter, P. u. a., Erinnern und Urteilen, Bd. IV, Klett: 66(2)

Bedürftig, F. /Kalenbach, D., Hitler, Carlsen-Verlag, 2/93: 58(1)

Das war ein Vorspiel nur …: Bücherverbrennung Deutschland 1933: Voraussetzungen und Folgen; Ausstellung der Akademie der Künste vom 8. Mai–3. Juli 1983. Ausstellung u. Katalog: Hermann Haarmann, Walter Huder, Klaus Siebenhaar (Schriftenreihe: Akademie-Katalog / Akademie der Künste; 137), 1983, Medusa-Verl.-Ges.: 62(1)

Ebeling, H. / Birkenfeld, W., Die Reise in die Vergangenheit, Bd. 3, Ausg. Bayern, 1976, Westermann: 49(1)

Fry, P. S., Ravensburger Lexikon der Weltgeschichte, 1995, Ravensburger Buchverlag Otto Maier GmbH (© Dorling Kindersley, London): 79(o.)

Geiss, I., Chronik des 19. Jahrhunderts, 1997, Weltbild (© Chronik Verlag im Bertelsmann Lexikon): 9 (Illustrated London News, 1859)

Graßmann, S. (Hg.), Zeitaufnahme 3, 1982, Westermann: 43(3) (Walter Verlag, Olten)

Hamann, B., Der Erste Weltkrieg, 2004, Piper: 38(3)

Kay, O. de jr., Imperialismus und 1. Weltkrieg (Illustrierte Weltgeschichte für junge Leser, hrsg. von I. Shapiro und J. Bartlett, Bd. 13), Neuer Tessloff Verlag (© 1969 Western Publishing Company, Inc. und Librairie Hachette): 38(1), 41(u.)

Krummacher, F. A. / Wucher, A. (Hg.), Die Weimarer Republik, 1965, Verlag Kurt Desch: 48(1)

Marchand, P. (Hg.), Im Schatten der Weltkriege (Die große Bertelsmann Enzyklopädie des Wissens), 1994, Bertelsmann Lexikon Verlag (© 1993 Publications internationales pour la jeunesse Gallimard-Larousse): 79(u.)

Miquel, P., So lebten sie zur Zeit der ersten Eisenbahn, 1979, Tessloff (© 1976 Librairie Hachette, Paris): 11(1), 19(4), 23(u.) (Ill. Claude u. Denise Millet)

Miquel, P., So lebten sie zur Zeit der ersten Automobile, 1979, Tessloff (© 1977 Librairie Hachette, Paris): 13(3), 15(1, 2), 16, 21, 23(o.) (Ill. Jacques Poirier)

Schaeffner, C., Der Vertrag von Versailles und die Nachkriegszeit (Weltgeschichte in Bildern, Bd. 23), 1970, Editions Rencontre (Seite 1–128: © Librairie Hachette 1970): 47(2)

Sträter, P.-H., So lebten sie an Bord der großen Segelschiffe, 1981, Tessloff (© 1979 Librairie Hachette, Paris): 6 (Ill. Pierre Brochard)

Weigel, H. u. a., Jeder Schuss ein Russ / Jeder Stoß ein Franzos. Literarische und graphische Kriegspropaganda in Deutschland und Österreich. 1914–1918, 1983, Edition Christian Brandstätter: 33(3)

Zentner, K., Illustrierte Geschichte des Zweiten Weltkrieges, 1963, Südwest Verlag: 75(2

Karten, Grafiken und Illustrationen

Elisabeth Galas, Bad Breisig

Thomas Binder, Magdeburg

Klaus Becker, Oberursel